NINA RUGE &
ELMAR BARTEL

LIEBES ZAUBER

NINA RUGE &
ELMAR BARTEL

LIEBES ZAUBER

Die besten Ideen für Romantiker
und solche, die es werden wollen

Ehrenwirth

Ehrenwirth in der Verlagsgruppe Lübbe

Originalausgabe

Ein Projekt der Montasser Medienagentur

Lektorat/Textredaktion: Nicola Bartels/Anja Arendt
Layout und Satz: Christina Krutz Design
Gesetzt aus Oneleigh
Druck und Einband: GGP Media GmbH, Pößneck

Printed in Germany
ISBN-13: 978-3-431-03691-6

5 4 3 2 1

Sie finden uns im Internet unter:
www.luebbe.de

»Verschieben wir's auf morgen.«

Aus dem Film VOM WINDE VERWEHT

»Wenn nicht jetzt, wann dann?«

Prof. Dr. Lothar J. Seiwert, Experte für Zeitmanagement

Für alle Liebenden –
und die Herzenswärme in der Welt

INHALT

WILDROMANTISCH!

»Jetzt wird gezaubert!«
Aus dem Film ALADDIN

WIE MAN DIE VERGESSENE KUNST DES HERZENS NEU LERNEN KANN. EIN KLEINER LEITFADEN, UM DAS FEUER DER LIEBE AM GLÜHEN ZU HALTEN.

Romantisch – das ist ein Candle-Light-Dinner. Ein Schaumbad mit Champagner und Musik von Andrea Bocelli. Romantisch ist ein Tête-à-Tête im Ruderboot auf dem See, mit Picknick unter Weiden. Romantisch ist die rote Rose mit langem Stiel, der Sonnenuntergang am Meer, romantisch ist der Abend zu zweit im goldenen Licht der Toskana.

So will es das Klischee – so geht die Sonne hinterm Traumschiff unter, und mit der Rose am Stiel endet die Seifenopernfolge Nummer 304. Wir sind umzingelt von Romantik-Klischees. Wir reagieren auf romantische Schlüsselreize. Doch wir sind weder Urheber des romantischen Lebensstils – noch spüren wir Vertrauen in diese Welt, die sich der nüchternen Alltagsmatrix konsequent entzieht.

Die blaue Blume der Romantik war nicht umsonst so heiß begehrt – sie war und ist keine, die sich züchten, pfropfen oder kultivieren ließe. Die Romantik, die uns tief berührt – jenseits der Kitsch-Klischees –, war schon immer ein sehr besonderes Gewächs und wird es immer sein. Kein Blau einer Blüte gleicht dem einer anderen. Jede dieser sensiblen Blumen blüht nur für den einen, einzigartigen, liebenswürdigen und verehrenswerten Adressaten: Romantik ist eine Kunst des Herzens, die aus Liebe genährt wird, die einiges an Übung erfordert – und noch mehr Fantasie.

Die wahre Romantik lebt von der selig machenden Idee, Liebe und Zuneigung, Erotik und Spannung könnten unendlich sein, sich wieder und wieder erneuern – und wachsen, indem sie sich unkontrolliert verschwenden: Romantik ist immer so lebendig und wahrhaftig wie derjenige, der sie kreiert. Romantik segelt nicht automatisch zu uns herab vom versiegenden Sonnenstrahl auf der Karibikinsel. Romantik lässt sich nicht kaufen, schon gar nicht beim Rosenzüchter.

Romantik ist die schönste Form gelebter Kreativität des Herzens. WIR schaffen sie mit unserem Mut, unserer Sehnsucht und mit unserer Kraft der Vision – die auf einen auserwählten Menschen gerichtet ist. Und wir schaffen sie – im Fall der Fälle – auch wieder ab.

Dieses Buch soll ein liebenswerter, anregender Leitfaden sein – um unsere verschollene Kraft der romantischen Existenz neu zu entdecken, sie ernst zu nehmen, sie zu entfalten ... und ihr einen angemessenen Raum in unserem Leben zu erkämpfen.

Dieses Buch soll Ihnen helfen, Mut und Kreativität zu entfachen, indem es einfache, praktische Situationen des Alltags beschreibt. So, wie er meistens abläuft. In Routine, Mittelmäßigkeit, Angst und Faulheit verstrickt. Und wie solch eine lauwarme Situation binnen Sekunden zum Blühen und Glühen gelangen kann – wenn ich die Barrieren aus meinem Kopf verbanne, wenn ich meiner Sehnsucht nach Glück, innerem Reichtum und harmonischer Nähe Ausdruck verleihe – wenn ich kleine, verrückte Signale der Liebe setze – und nicht darauf warte, dass der andere etwas tut. Und das Schöne daran – es muss Sie gar nicht immer Geld kosten. Echter Liebeszauber braucht Ideen, die Kraft des Willens, Mut und ein offenes Herz.

Deshalb wird dieses Buch ein Feuerwerk an Ideen bergen, praktische Hinweise und Tipps, was alles möglich ist, um den Partner, Freund, Geliebten bis ins Mark und aufs Schönste zu berühren – wenn ich damit beginne. Und niemand sonst. An Ideen und Anregungen soll es nicht mangeln. Und an Glücksgefühlen später auch nicht.

Nina Ruge, München im Juli 2006

KAPITEL 1

LIEBESZAUBER-INSPIRATIONEN

»Alles, was er vom
Leben wollte, war Liebe.«

Aus dem Film CITIZEN KANE

ROMANTIK – HOHE KUNST UND NUR MIT DEM HERZEN ZU LERNEN

Sind wir nicht alle ein bisschen romantisch? Sie würden sich doch sicher niemals als »völlig unromantisch« bezeichnen. Nein, jeder hat eine romantische Ader. Romantik gehört zum Menschen wie der Fluchtinstinkt oder das Revierverhalten. Wir sitzen im Kino, wir leiden mit, die Szene wird melodramatisch, wir kämpfen mit den Tränen – und verlieren diesen Kampf fast immer. Wir alle haben einen romantischen Instinkt.

Aber wenn sich jemand hin und wieder romantischen Empfindungen hingibt, dann heißt das noch lange nicht, dass er das kleine Grundschul-Einmaleins der Romantik beherrscht. Skispringen in der Sportschau verfolgen und dabei Herzrasen zu bekommen oder selber springen – das sind nun mal zwei sehr verschiedene Paar Schuhe.

Ähnlich groß ist die Lücke zwischen einem gemütlichen »sich verzaubern lassen« und dem mutigen Verzaubern der/des Liebsten. Und schon haben wir das uralte Dilemma der Menschheit beschrieben. Das passive Konsumieren fällt uns stets leichter als aktives Handeln. Da lügen wir uns gerne selbst in die Tasche. »Ich bin ein superromantischer Typ« – wie leicht perlt uns das über die Lippen! Doch wann haben wir selbst eine romantische Überraschung inszeniert? Da legen wir doch lieber schnell mal »Notting Hill« in den DVD-Player ...

Also, seien Sie ehrlich: Wie mutig sind Sie selbst als Romantiker? Hier ist schon mal eine kleine Checkliste, sozusagen die erste Aufgabe für den ambitionierten Liebeszauberer:

- Kennen Sie die Lieblingsfilme Ihres Partners?
- Können Sie auf Anhieb sagen, welche CDs Ihr Partner zurzeit am liebsten hört?

- Kennen Sie seine/ihre geheimsten Wünsche – materiell und immateriell?
- Wissen Sie, was er/sie in Sachen Mode gerade unwiderstehlich sexy findet? Accessoires, Wäsche oder Modeschmuck gehören natürlich auch dazu!
- Fallen Ihnen sofort kleine, feine Verstecke ein, in denen Sie Überraschungen deponieren können – die der Partner dann auch unter Garantie entdecken wird?
- Sind Sie zutiefst glücklich, wenn sie ihre ewig kalten Füße an Ihnen wärmt – und zwar an einem Körperteil ihrer Wahl?
- Schmelzen Sie dahin, wenn Sie ihm/ihr zuliebe etwas tun, was Sie eigentlich gar nicht mögen – und das ohne das kleinste Nörgeln? Er geht mit ihr Rushhour-Shoppen. Sie geht mit ihm in den neuesten Action-Thriller ...

Und jetzt zählen Sie bitte, wie viele Fragen Sie mit »Ja« beantworten konnten. Sie merken: Sie befinden sich gerade in einem knallharten Romantik-Test. Sollten Sie weniger als sechs Fragen positiv beantworten können, dann würden wir Ihnen nahelegen, Ihre romantischen Fähigkeiten noch einmal zu überdenken ...

Denn Romantik ist zuallererst eine Geisteshaltung. Die kreativste Überraschung läuft ins Leere, wenn sie mit kühlem Kopf und leerem Herzen serviert wird. Wie Sie Ihre Verehrung für den Partner zeigen, wird ihn berühren, und nicht sosehr, was Sie tatsächlich tun. Deshalb funktionieren ja die kleinen Gesten so gut. Weil sie dem Partner zeigen, wie wichtig er/sie für Sie ist. Er ist das Zentrum Ihrer Gefühle.

Und deshalb sollten Sie niemals Liebe mit Romantik verwechseln! Romantik ist die Sprache, der Ausdruck der Liebe. Doch Liebe kann niemals mit Hilfe von Romantik entstehen. Auf romantischem Wege zeigen Sie dem Partner Ihre Liebe, Sie frischen sie auf, pflegen und polieren sie, geben ihr Leuchtkraft, Wärme und pulsierendes Leben. Doch wo keine Liebe ist, da ist auch kein tiefes romantisches Gefühl. Wo keine Liebe ist, dort fehlt der Zauber, dort wird die liebevolle Aufmerksamkeit keine Schmetterlinge im Bauch auslösen.

Romantik ist niemals Mittel zum Zweck! Versuchen Sie nie, Ihre Partnerin mit romantischen Tricks für den Besuch eines Fußballspiels bei Minusgraden in Gesellschaft von bierseligen Kumpels weichzukochen. Auf romantische Weise zeigen Sie Ihre Gefühle – absichtslos, ohne zu rechnen, ohne die heimliche Erwartung, der Partner möge doch bitte bald mit ähnlicher Münze zurückzahlen. Romantik will nichts, außer Freude zu schenken und das Glücksgefühl, sich zu kennen, zu lieben, gemeinsam zu leben. Und wenn ein Fußballspiel für sie nicht dazugehört – lassen Sie es!

Die logische Folge ist somit: Romantische Gesten zu erwarten und einzufordern wird immer zu einer herben Enttäuschung führen. Je stärker man die Romantik und auch die Liebe sucht, desto stärker werden sie sich entziehen. Denn je mehr Sie sich darauf konzentrieren, sie zu kriegen, desto weniger Raum haben Sie für das Geben. Umgekehrt wird ein Schuh draus: Je weniger Sie beim anderen Romantik suchen – umso wahrscheinlicher werden Sie sie geben können ... und finden.

Und damit sind wir ihm schon ein bisschen nähergekommen: dem wahren, dem wahrhaftigen Romantiker. Doch es braucht noch mehr ...

Ein echter Romantiker hat Humor. Weil er nichts haben, sondern nur geben will, fehlt ihm die Verbissenheit des Feilschers auf dem Gefühls-Basar. Er möchte schenken – und dieses Schenken gestaltet er so kreativ und heiter, wie er nur kann. Es fehlt ihm nichts! Seine Gefühle quellen über! Das wiederum ist der beste Nährboden für Humor. Verliebte Narren klammern – Romantiker sind in ihrer Liebe frei.

Romantiker leben und lieben mit Leidenschaft, und sie können nicht trennen zwischen Leben und Liebe. Beides empfinden sie als unendlich großes Geschenk. Als ihre wichtigste Aufgabe auf Erden empfinden sie in erster Linie, dieses Geschenk zu feiern. Deshalb lassen sie nicht zu, dass Leben oder Liebe in Routine ersticken.

Romantiker entwickeln ihre romantische Ader immer weiter. Weil sie kein starres Ziel verfolgen, halten Sie sich von Scheuklappen fern. Wer nichts als kreativ schenken möchte, der nimmt die Aufgabe ernst – nicht sosehr aber sich selbst. Und so schwingt in jedem seiner romantischen Überraschungspläne immer ein Hauch Selbstironie – und höchst konzentrierte Arbeit. Ein geglückter romantischer Coup ist kein Kinderspiel – er ist ein Meisterstück!

Romantiker sind Künstler – und keine Strategen. Sie wissen genau: Romantik wächst nur auf dem Feld der Intuition – nüchtern planen lassen sich nur die liebenswerten Details, doch niemals die Grundidee. Romantik ist kein Leistungssport – es gibt keine Punktwertung, kein Ranking und kein Siegertreppchen.

Romantiker sind mit allen Sinnen im Hier und Jetzt – und bei dem Menschen, dem ihr romantisches Trachten gilt. Deshalb entwickeln sie eine Fähigkeit, die dem Durchschnittseuropäer – und hier vor allem der männlichen Spezies – mehr und mehr verloren geht: Sie können zuhören. Und das sogar auf zwei verschiedenen Kanälen. Zum einen filtern sie feinsinnig verborgene Wünsche, geheime Sehnsüchte aus den Äußerungen des geliebten Menschen heraus. Natürlich, um sie dann zu erfüllen. Ein Romantiker nimmt sich außerdem die Zeit, zuzuhören. Ohne danach zu fragen, ob das, was er zu Ohren bekommt, von unmittelbarem Nutzen ist. Er ist einfach da und schenkt Aufmerksamkeit. Vielleicht beherrscht er sogar die hohe Kunst des aktiven Zuhörens: Er fragt behutsam nach.

Romantiker sind keine Märtyrer. Selbstaufgabe ist keine Gefühlsfarbe für sie. Sie schöpfen aus dem Vollen, und das speist sich aus der Kraft der Liebe. Selbstaufopferung schafft Zwänge, schlechtes Gewissen und Abwehr beim Empfänger. Deshalb werden die Mittel, zu denen der Romantiker greift, immer im Verhältnis zu seiner eigenen Befindlichkeit, zu seinem Zeit- und Geldbudget stehen.

An diesem Punkt der Lektüre ist Ihnen wahrscheinlich klar geworden: Sie befinden sich zwar auf dem Weg zum Vollblut-Romantiker – doch Sie haben noch einige Schwächen. Deshalb sollten Sie unbedingt die klassischen Fettnäpfchen vermeiden:

- Zu spät ist manchmal voll daneben. Haben Sie ihren/seinen Geburtstag vergessen, dann kriechen Sie lieber im Büßergewand zu Kreuze, als dass sie verspätete Grüße mit einem überdimensionierten Geschenk romantiktauglich machen wollen.

- Sich zu verspäten kann ebenso schlimm sein. Jedes Tête-à-Tête bekommt, schon bevor es überhaupt losgeht, einen heftigen Knacks, wenn Sie Ihren Partner im Regen stehen und warten lassen. Zeigen Sie Ihre Wertschätzung, indem Sie Ihren Tagesablauf so organisieren, dass er oder sie nicht warten muss. Es gibt kein Gen für Unpünktlichkeit.

- Grundsätzlich gilt: Sie müssen Ihr Gedächtnis trainieren. Wenn ihr ständig seine Telefonnummer entfällt, wenn er versäumt, die kleine Erledigung für sie zu machen, wenn sie vergisst, seine verwaisten Zimmerpflanzen zu gießen ... dann sollten Sie sich ernsthaft fragen, warum Ihnen Ihr Partner so wenig wichtig ist. Denn für Ihre wahre Liebe würden Sie sich sogar seine Steuernummer beim Finanzamt merken, um ihm das lästige Suchen zu ersparen.

- Schließen Sie nicht von sich auf andere! Nur, weil SIE süchtig nach Schokolade sind, heißt das noch lange nicht, dass Ihre Angebetete das auch ist.

- Erst hinfühlen, dann handeln! Wenn er in der Endphase eines beruflichen Stressprojekts steckt, dann schocken Sie ihn nicht mit der Wochenendeinladung in ein Romantik-Hotel. Eine gekonnte Fußmassage plus zarte Zurückhaltung werden viel leichter sein Herz erreichen. Schenken Sie ihr keinen 200-Euro-Blumenstrauß, wenn Sie wissen, dass sie am nächsten Tag auf eine längere Geschäftsreise geht. Klemmen Sie lieber ein Foto von Ihnen beiden mit silberner Büroklammer in ihren Terminkalender, und zwar genau auf das Datum, an dem Sie sie zurückerwarten. Die richtigen Dinge zur richtigen Zeit am richtigen Ort. Denn: »Liebe besteht nicht darin, in den anderen hineinzustarren, sondern darin, gemeinsam nach vorn zu blicken.« (Antoine de Saint-Exupéry)

- Die Dosis romantischer Gefühle ist unabhängig von der Höhe der Geldinvestition. Hören sie auf Jack Nicholson, der einmal sagte: »Dass man Liebe mit Geld nicht kaufen kann, glaubt man erst, wenn man genug Geld hat.« Tasten Sie sich gerade an eine beziehungsgeschädigte Dame heran, kann ein Diamantring verheerende Folgen haben – ein kleiner Glücksbringer dagegen geheime Türen zu ihrem Herzen öffnen. Also: Viel Geld hilft gar nicht viel.

- Ganz oder gar nicht! Planen Sie keine hoch komplizierte romantische Überraschung zwischen Büroschluss und Friseurbesuch. Das Wichtigste, was Sie Ihrem Partner schenken können, ist nun mal Ihre Zeit. Wenn Sie damit geizen – und aus diesem Grund der pompös angekündigte Badewannen-Abend zu einem kurzen Geplätscher wird –, dann können Sie einpacken!

- Kleistern Sie nichts zu! Versuchen Sie bloß nicht, den Partner kurz nach einem hoch emotionalen Streit mit einem Bund selbst bemalter Luftballons zu überraschen. Der Versuch wird platzen und nicht die Ballons. Auseinandersetzungen lassen sich nicht durch Gesten, sondern nur durch Klärung schlichten. Und die partnerschaftliche Gefühlswelt bringt man am besten mit einer ehrlichen Entschuldigung und konstruktiven Lösungsvorschlägen ins Lot. Danach erst kann die Entführung zum

Champagner-Picknick mit Mondschein am See seine Wirkung entfalten.

- Sprengen Sie die Rollenklischees! Er ist auch dann männlich und markig bis zum Umfallen, wenn er sie mit einem trommelnden Blechspielzeug-Affen überrascht. Und wenn der äffische Schlagstock auf einem knallroten Herz rotiert, welches er natürlich vorher im Schweiße seines Angesichts draufgepinselt hat, bleibt er trotzdem ein ganzer Kerl. Romantisch sein heißt, Gefühle offen zu zeigen.

Wenn Sie nun fest entschlossen sind, der Meister aller Liebeszauberer zu werden, dann markieren Sie hemmungslos alles in diesem Buch, was Ihnen für Ihren Partner geeignet erscheint, am besten mit einem roten Marker. Und dann müssen Sie dieses Buch gut verstecken! Kein (Liebes-)Zauberer und Vollblut-Romantiker lässt sich in die Karten gucken.

Stellen Sie also diese romantische Ideen-Sammlung nicht in den Bücherschrank. Die Erfahrung lehrt, dass Ihre Ideen, Ihre unbändige Lust zu überraschen und Ihre Liebe zu offenbaren ganz schnell an Glanz verlieren, wenn sie zwischen anderen Buchdeckeln verstauben. Ja, schon wieder ist Ihre Kreativität gefordert. Sie brauchen ein perfektes Versteck, das Ihnen ganz leicht zugänglich ist. Denn ein Romantiker braucht ständig neue Inspiration, um das umzusetzen, mit allen Fasern seines Seins, was der große Theatermann Max Ophüls so formulierte: »Es ist das Geheimnis einer guten Ehe, einer Serienaufführung immer wieder Premierenstimmung zu geben.«

Denn das Leben ist nicht die Bühnenprobe. Es ist die Vorstellung. Live und in Farbe.

Vorhang auf!

Kapitel 1

WERTVOLLE KLEINIGKEITEN

Die wichtigste Regel des Liebeszaubers ist: Bleiben Sie beide aktiv in Ihrer Partnerschaft, und lassen Sie sich nicht gehen! Geben Sie dem zarten Pflänzchen »Beziehung« immer genug Wasser, frische Luft und Sonnenschein. Tun Sie etwas Außergewöhnliches! Trauen Sie sich!

Gleich hier finden Sie bereits vorab ein paar »Aufwärmübungen« für den Liebeszauberer, einen bunten Strauß von Ideen für eine lebendige Beziehung.

Weiter hinten im Buch finden Sie Tipps zu den verschiedensten Anlässen. Blättern Sie einfach wild herum! Beim Liebeszaubern gibt es keine Reihenfolge wie in vielen anderen Büchern. Stöbern Sie nach der Idee, die am besten zu Ihrer Beziehung, zu Ihrem Partner passt! Gehen Sie gedanklich mit einem Schmetterlingsnetz übers Feld, und fangen Sie die Herzen ein, so wie der »Herzensjäger« auf dem Cover dieses Buches.

WENIGSTENS EIN ZAUBERTRICK

Können Sie zaubern? So richtig zaubern? Nein? Dann versuchen Sie, zumindest einen kleinen Trick zu erlernen! Zum Beispiel, wie man eine Münze oder eine Spielkarte zwischen den Fingern verschwinden lässt und wieder hervorzaubert. Oder den Trick, eine unendliche Tücherkette aus dem Ärmel zu zaubern. In Fachgeschäften und im Internet finden Sie alles Notwendige dazu, inklusive der Anleitung.

ÜBERRASCHUNGSBLUMEN AUF DEM MARKT

Wenn Sie das nächste Mal gemeinsam über einen Wochenmarkt schlendern, trennen Sie sich für ein paar Minuten. Währenddessen lassen Sie an einem Blumenstand einen großen, bunten, romantischen Strauß zusammenstellen, und bezahlen Sie ihn dort auch gleich. Nachdem Sie sich etwas später wieder getroffen haben, gehen Sie gemeinsam weiter. Lenken Sie Ihren Weg in Richtung Blumenstand, und irgendwann kommen Sie (natürlich »rein zufällig«) wieder daran vorbei. Auf Ihr (vorher mit ihr verabredetes) Zeichen überreicht die Blumenfrau Ihrem Partner – den Strauß.

WAS ICH DIR SAGEN WILL, SAGT DIR – MEIN STOFFTIER!

Angenommen, Ihr Partner hat einen wichtigen Termin, bei dem es um eine Entscheidung oder eine Prüfung geht. Sie wissen allerdings schon vorher, dass Sie nicht anwesend sein können, wenn er glücklich oder traurig nach Hause kommen wird.

Nehmen Sie ihm trotzdem ein wenig die Last von der Seele, und schicken Sie Ihre Lieblingsstofftiere stellvertretend vor: Sie stellen einen Stuhl in den Eingangsbereich Ihrer Wohnung, platzieren darauf die Plüschtiere, und zwar so, dass Sie Ihren Partner beim Eintritt in die Wohnung »fragend« anschauen. Oder lassen Sie ein Stofftier ungeduldig auf eine Uhr gucken. Dazu kommt ein Zettel mit den Worten: »Und, wie war's???«

Wenn Sie wollen, schreiben Sie auch darauf, wann und wo Sie voraussichtlich zu erreichen sind.

BLÄTTER SAMMELN

Wenn Sie Ihren Partner am Flughafen abholen, sagen Sie ihm, dass Sie für jeden Moment, an dem Sie an sie oder ihn gedacht haben, ein Blatt von einem bestimmten Baum gesammelt haben. Sobald Sie am Auto im Parkhaus angekommen sind, findet Ihr Partner dann auf dem Rücksitz einen riesigen Sack von Blättern. Im Frühjahr können Sie auch bunte Blütenblätter sammeln.

DER BILDERRAHMEN

Hat Ihr Partner Ihnen mal wieder etwas Liebes auf einen kleinen Zettel geschrieben? Irgendwann zwischendurch, auf einer Reise, unterwegs, zu Hause? Und hat Ihnen diese kleine, handgeschriebene Botschaft wirklich etwas bedeutet, ja sogar Gänsehaut bereitet? Dann lassen Sie diesen Zettel in einer Bildergalerie oder einem Rahmengeschäft mit einem wertvollen Bilderrahmen versehen. Dieses Bild bekommt einen gut sichtbaren Ehrenplatz im Wohnzimmer. Das Gleiche könnten Sie auch mit Eintrittskarten eines gemeinsam besuchten Konzertes tun, mit den Fahrkarten der gemeinsamen Seilbahnfahrt in Singapur oder der Speisekarte aus Rio.

HAUTFREUNDLICH

Gehen Sie auf »Entdeckungsreise«. Zum Beispiel beim sorgfältigen, sanften Eincremen des Partners. Beobachten Sie die Haut bis ins kleinste Detail, lernen Sie Ihr Gegenüber richtig kennen! Die Schattierung der Augenfarbe (ist sie wirklich blau oder grün?), der Verlauf der Körperkonturen, Eigenheiten, die Farbtöne der Haare, die feine Körperbehaarung, die Sommersprossen, den zarten und ganz unverwechselbaren Duft.

ÜBERRASCHUNGSFOTOS

Bitten Sie Ihren Partner, Ihre »Urlaubsfotos« im Geschäft abzuholen, und geben Sie ihm den Abholschein mit. Er könne ja ruhig schon mal einen Blick darauf werfen. Was er nicht wissen kann, ist, dass Sie in Wahrheit ausschließlich Fotos von sich selbst gemacht haben. Nur für Ihren Partner, in allen möglichen witzigen Posen. Oder Sie haben sechsunddreißigmal ein Plakat mit Ihrer Handschrift »Ich liebe dich« fotografiert. Sie können auch kreativ werden und Blumen oder andere schöne Objekte so auf eine Wiese legen, dass sie diese magischen Worte formen.

EIN GANZ SPEZIELLER SCHNUPPERKURS

Sind Sie auf der Suche nach einem neuen Parfüm und haben bereits eine Reihe von Düften im Geschäft ausprobiert? Wenn Sie sich nicht entscheiden, dann bitten Sie die Verkäuferin, Ihnen von jedem Duft, der Ihnen zusagt ein Musterfläschchen mitzugeben, bis zu sechs verschiedene Düfte. An einem gemütlichen Abend dämpfen Sie das Licht im Schlafzimmer, legen romantische Musik auf und sprühen direkt nach dem Duschen jedes Parfüm auf eine andere Stelle Ihres Körpers. Anschließend legen Sie sich, nur mit einem Bademantel bekleidet, auf das Bett und bitten Ihren Partner, die bewussten Stellen a) zu finden, b) zu küssen und c) das Parfüm zu bewerten.

BLÜTENZAUBER

Die weißen Blütenblätter von Gänseblümchen lassen sich über Nacht in der Lieblingsfarbe Ihres Partners einfärben. Einfach Wasserfarbe so lange mischen, bis der Farbton stimmt. Dann gießen Sie die Farbe in ein Glas mit Wasser und stellen die Blumen über Nacht hinein. Am nächsten Morgen haben die Blüten die Farbe mit dem Wasser aufgesogen.

UND NOCH MEHR ZAUBERHAFTES …

- Schenken Sie Blumen! Und zwar jetzt gleich, heute! Ganz ohne Grund. Einfach so! Ob eine einzige Rose, einen gekauften Strauß, oder noch besser: einen selbst gepflückten, bunten Strauß von der Sommerwiese.

- Nehmen Sie Champagner und Gläser mit auf einen Platz, der hoch oben über einer Stadt liegt, und genießen Sie einen prickelnden Ausblick zu zweit.

- Schenken Sie Ihrem Partner eine zärtliche Fußmassage nach einem langen Tag und einer ausgiebigen Dusche.

- Kaufen Sie mehrere rote Rosen. Hängen Sie jeweils ein handgeschriebenes Gedicht oder einen romantischen Spruch an jede Rose. Anschließend verteilen Sie Rosen überall in der Wohnung. Sie können daraus auch ein Ratespiel machen und auf jeden Zettel auch nur einen Buchstaben oder ein Wort schreiben. Alle zusammen ergeben ein Wort oder einen Satz, der zu erraten ist.

- Basteln Sie ein Buch mit 365 Seiten. Auf jede Seite schreiben Sie einen Grund, warum Ihr Partner der kostbarste Mensch in Ihrem Leben ist. Mit Erinnerungen an besondere Erlebnisse, Bilder und liebenswerte Dinge, die Sie beide getan haben, seit Sie sich kennen.

KAPITEL 2

LIEBESZAUBER JEDERZEIT

»Wie können wir jemals Zeit haben, wenn wir uns niemals Zeit nehmen?«

Aus dem Film MATRIX RELOADED

Kapitel 2

TIPPS FÜR DEN LIEBESZAUBERER-ALLTAG

Der Alltag kann der größte Feind der Liebe sein. Deshalb ist eines ganz wichtig: Bringen Sie einen Funken Liebeszauber ins alltägliche Einerlei! Brechen Sie immer wieder die Kruste eingefahrener Gewohnheiten auf, dann wird Ihnen die Liebe auch »alle Tage« hold sein.

ACH, DU LIEBE ZEIT!

»Pünktlichkeit ist das schönste Gewand«, lautet ein chinesisches Sprichwort. In der Tat ist Verlässlichkeit eine wichtige Basis für alles andere.

Nehmen Sie sich mindestens einmal in der Woche die Zeit, um ihre Kalender aufeinander abzustimmen. Denn alle noch so gut gemeinten Tipps in diesem Buch nutzen überhaupt nichts und laufen ins Leere, wenn Sie nicht wissen, wo Sie und Ihr Partner am nächsten Abend oder nächste Woche sein werden. Eine gemeinsame Planung ist das A und O für jede gut funktionierende Beziehung. Dazu gehören ebenso berufliche und andere Verpflichtungen wie die angenehmen Dinge, die Sie gemeinsam oder unabhängig voneinander unternehmen. Ein extra geplanter Liebeskalender macht schon aus der Vorbereitung eine romantische Geste.

WENN NICHT JETZT, WANN DANN?

Wann ist die beste Zeit für den »Liebeszauber«? Ganz einfach: jetzt! Oder zumindest so bald wie nur möglich, wenn's die Gelegenheit erlaubt. Die Gegenwart ist die einzige Zeit, in der wir wirklich und wahrhaftig etwas beschließen, bewirken, verändern, auslösen, in die Wege leiten können. Natürlich bedarf es einer gehörigen Portion Feingefühl, den rechten Moment zu finden. Das kann Ihnen niemand abnehmen. Fahren Sie Ihre Antennen aus, und entscheiden Sie, ob Sie sich eine Zeit lang zurückziehen sollten, Ihren Partner still umarmen, einfach nur zuhören, einen lieben Brief schicken, ausgesuchte Blumen schenken oder eine verrückte Schnitzeljagd durch die Wohnung veranstalten.

LOCKENWICKLER

Versuchen Sie, nach Möglichkeit auch im Alltag so attraktiv wie möglich füreinander zu bleiben.

In den 60er-Jahren hatte der bekannte Swing-Sänger Jack Jones einen großen Erfolg mit dem Titel »Wives and Lovers«. Der Text des Liedes ging in etwa so:

»Hey, little girl,
comb your hair, fix your make-up,
soon he will open the door.
Don't think because there's a ring on your finger,
you needn't try any more.
For wives should always be lovers too.«

Dieser Text ist natürlich mehr als antiquiert, aber es spricht ja wirklich nichts dagegen, wenn sich der Mann, genauso wie die Dame ab und zu auch nur für den anderen hübsch macht, um gemeinsam einen traumhaften Abend vorzubereiten, sich etwas zu gönnen und den anderen zu überraschen.

DIE HEILIGTÜMER

Gönnen Sie sich gegenseitig Ihre Eigenheiten! Akzeptieren und respektieren Sie Ticks, Angewohnheiten und liebenswerten Schwächen des anderen, solange sie Sie nicht wirklich in den Wahnsinn treiben. Wenn es aber doch einmal zu viel wird, sprechen Sie darüber, möglichst in einer ruhigen Minute, aber nie direkt in dem Moment, in dem Sie genervt sind.

Bitte respektieren Sie auch die »Heiligtümer« des anderen. Das könnte der Wunsch sein, die kleine Uhr immer am gleichen Platz zu sehen. Dinge, an denen Ihr Partner so sehr hängt, obwohl Sie sie schon längst im Müll oder auf dem Flohmarkt sehen: eine Lieblingstasse, eine alte, hässliche Vase, ein Erbstück von Uroma oder ein völlig verfilzter Pullover.

Es gibt eben immer wieder liebe Gewohnheiten und Requisiten, die ihre ganz eigene Geschichte haben und einfach zu einem Menschen gehören.

Andererseits sollten Sie selbst aber auch nicht in Verzweiflung ausbrechen, wenn eines Ihrer Lieblingsstücke in die Brüche gegangen ist. Hauptsache, Ihr Partner und Sie selbst sind unversehrt! Vergessen Sie nie: Gegenstände lassen sich ersetzen. Ein lieber Mensch, ein guter Partner und eine gute Beziehung oder gar die große Liebe nicht. Das Letzte wäre doch eine Trennung wegen eines zu heiß gewaschenen Pullovers.

WENN SICH LIEBESZAUBERER MAL (ÜBEREINANDER) ÄRGERN:

- Versuchen Sie trotzdem zu lachen, wenn Sie von einer Situation gestresst sind!
- Hier ein wahres Zauberwort. Üben Sie immer wieder damit, und sagen Sie einfach: »Na und?!«
- Begeben Sie sich an einen ruhigen Ort, zählen Sie von hundert auf null herunter. Ganz in Ruhe. Und denken Sie dabei bitte an nichts anderes als an die Zahlen. Sonst müssen Sie wieder von vorn beginnen. (Übrigens bei geschlossenen Augen auch eine fantastische Methode, um einzuschlafen!)
- »Ich will, und du musst!« Diese Einstellung ist ein echter Beziehungskiller. Erlauben Sie einen Vergleich mit dem Flugzeugbau. Dort werden Materialien verwendet, die unter Belastungen erstaunlich tolerant und flexibel reagieren. Wären sie starr, würden sie Schaden nehmen oder gar zerbrechen. So können zum

Beispiel die Flügelspitzen des Airbus A 380, des größten Verkehrsflugzeugs der Welt, bis zu insgesamt sieben Meter nach oben und unten schwingen.

- Lächeln Sie öfter! Verpacken Sie Ihre Wünsche, Anregungen und Kritiken in respektvolle Worte. Ein Augenzwinkern ab und zu ist besser als Mahnungen oder Beschwerden hinterher. Oder warnen Sie den Partner vor: »Achtung! Gefühlsausbruch! Das muss jetzt einfach raus, und danach geht's mir besser.«
- Umarmen Sie sich still und lange.

KOMMUNIKATION: DAS A UND O

Ihr Partner kann keine Gedanken lesen, auch wenn Sie vielleicht unbewusst erwarten, dass er Sie auch ohne Worte versteht. Überwinden Sie sich, sprechen Sie in einem ruhigen Moment an, was Sie sich von Ihrem Liebsten wünschen oder was Sie in der Vergangenheit verletzt hat. Kommunikation, das heißt Gedankenaustausch, ist extrem wichtig. Nur in rührseligen Filmen führt Sprachlosigkeit über tausend Umwege zum Happy End. Allerdings – wenn unsere Filmhelden immer gleich über alles sprechen würden, wären wir um ein paar herrlich romantische Filme ärmer.

GUTE GESPRÄCHE

- Ein gutes Gespräch beruht auf Austausch, nicht auf Monologen.
- Sprechen Sie mit dem Herzen, aber vernachlässigen Sie den Kopf nicht dabei.
- Schauen Sie Ihrem Gegenüber immer wieder in die Augen.
- Reden Sie – nach Möglichkeit mindestens einmal täglich – in Ruhe miteinander. Ob am Telefon oder an einem ruhigen Ort. Sprechen Sie über Ihre Vorhaben, den Tag, Ihre Wünsche, Probleme, wichtige Dinge, die erledigt werden müssen, oder über Ihren Traum der vergangenen Nacht.

DIE ICH-STUNDE

So gern Sie Ihren Partner haben, sosehr Sie ihn lieben: Reservieren Sie sich eine Stunde für sich. So lange sind Sie für niemanden zu erreichen. Höchstens im Notfall. Nehmen Sie sich diese Zeit zum Lesen, für Ihr Hobby, für Sport, Lernen, Malen, Schreiben, Fernsehen, Freunde, Musik oder zum Träumen und Faulenzen. Was auch immer Sie wollen. Wenn Sie zum Zahnarzt müssten, ginge es ja auch nicht anders. Sie werden schon so genug »fremdbestimmt«. Deshalb: Schreiben Sie sich in Ihren Kalender so etwas wie: »18 bis 19 Uhr: ICH!« Mit Großbuchstaben, vielleicht in roter Schrift. Umso mehr freuen Sie sich danach aufeinander.

ZUTRITT FÜR ANDERE VERBOTEN!

Genehmigen Sie sich einen Tag, einen Abend in der Woche, an dem Sie nichts anderes machen, als füreinander da zu sein, miteinander zu reden, zu spielen, sich gemeinsam einen guten Film anzuschauen. Keine Arbeit, kein Putzen in der Wohnung, kein langes Kochen, kein Lernen oder Studieren, keine Pflichten!

VOR-SICHTIG!

Fahren Sie immer vorsichtig. Auch wenn Sie allein unterwegs sind. Ihr Partner (und überhaupt alle, die Sie mögen oder Ihnen sonst irgendwie verbunden sind) ist doch immer bei Ihnen. Denken Sie ab und zu daran. Ihre Lieben brauchen Sie noch! Und schämen Sie sich nicht, Ihrem Partner beim Abschied zu sagen: »Fahr vorsichtig!« Wenn er das Herz am richtigen Fleck hat, wird er verstehen, was Sie ihm damit sagen wollen, nämlich dass auch Sie ihn lieben.

UND NOCH EIN GRIFF IN DIE ZAUBERKISTE

- Gegen Kosenamen ist nichts einzuwenden (»Schätzchen«, »Häschen«, »Mausi«). Spielen Sie damit, solange der andere es auch gut findet, ab und zu und immer mal wieder. Aber bitte nicht als Dauereinrichtung. Es kann nämlich sehr schön klingen und kleine Wunder bewirken, wenn Sie immer mal wieder den echten Vornamen Ihres Partners liebevoll aussprechen. Schließlich soll es kein Alarmzeichen für ernste Angelegenheiten sein, wenn Sie Ihren richtigen Namen aus dem Mund des Liebsten hören.

- Machen Sie mal Pause! Vergessen Sie bei allem die Erholungsphasen nicht! Ludwig van Beethoven brachte es auf den Punkt: »Auch Pausen sind Musik.« Eine kurze oder gar längere Trennung auf Zeit, eine Reise oder einfach ein allein verbrachter Tag, eine Stunde, kann eine wertvolle Pause sein. Umso schöner ist das Wiedersehen. Dann gibt es so viel zu erzählen und auszutauschen! Schaffen Sie sich immer wieder bewusst Gelegenheiten für Vorfreude aufeinander, dieses schöne Gefühl der echten Sehnsucht.

- Achten Sie immer darauf, dass das, was Sie gesagt haben, auch beim Partner angekommen ist. Piloten im Cockpit eines Verkehrsflugzeuges nehmen das übrigens sehr genau, um (lebensgefährliche) Missverständnisse während eines Fluges zu vermeiden. Das klingt dann in etwa so: »Du, ich gehe gerade mal raus, bitte mach du für mich weiter!« Der andere antwortet: »Ist klar, hab verstanden, du bist raus, ich übernehme das Steuer!« Natürlich wäre es absoluter Unsinn, privat so miteinander zu reden. Aber es geht ja um das Grundprinzip: Beide haben den gleichen Wissensstand und reden nicht aneinander vorbei.

- Halten Sie mit Ihren (auch noch so simplen oder heimlichen) Wünschen nicht hinterm Berg. Sonst wandern sie woandershin und gelangen an den Falschen. Oder sie stapeln sich als Frust auf.

- Weihen Sie sich gegenseitig in kleine oder große Geheimnisse ein. Das schmiedet zusammen und schafft Vertrauen. Würden Sie ihm Ihr Passwort für Ihren E-Mail-Account verraten? Die Kontonummer oder PIN-Nummer für die EC-Karte? Spätestens, wenn Sie sie im Urlaub mal vergessen haben, werden Sie ihm/ihr sehr dankbar sein!

- Planen Sie gemeinsam Ihre Unternehmungen: Theater, Kleinkunst, Konzerte, Kino ... Kreuzen Sie in der Programmzeitschrift die Fernsehsendungen an, die Sie ganz bewusst miteinander anschauen wollen. Auch Filme, gute (Talk-)Shows, Dokumentationen und Informationssendungen sind gemeinsame Erlebnisse, sie prägen eine Beziehung mit und bringen Sie möglicherweise auf neue Ideen oder Reisepläne.

- Treffen Sie grundsätzliche Abmachungen, legen Sie fest, was geht und was nicht. Vor allem nach kleineren Fehlern oder Dummheiten, die nicht wieder passieren sollen. Keine schlechte Idee ist es, solche Dinge (hand-)schriftlich in einer Art Tagebuch festzuhalten und abends bei einem guten Wein und mit einem zärtlichen Kuss bei Kerzenlicht feierlich zu besiegeln.

- Schenken Sie Ihrem Partner ein weiches Stofftier (natürlich nur, wenn er/sie Kuscheltiere mag). Das ist Ihr Botschafter für alle Zeiten, vor allem, wenn Sie nicht da sind.

- Machen Sie Ihrem Partner ein Kompliment, wenn Ihnen etwas gefällt. Das neue Kleid, der Schmuck. Vor allem, wenn Sie zusammen ausgehen. Aber bitte, nur ehrliche Komplimente. Alles andere gilt nicht, wirkt faul und der andere merkt es irgendwann sowieso.

- Verbergen Sie nie Ihre Gefühle! Wenn Ihnen zum Lachen zumute ist, dann lachen Sie. Wenn Sie sehr traurig sind, dann weinen Sie auch mal. Ob Junge oder Mädchen, Mann oder Frau – weinen ist keine Schande, sondern genauso wichtig wie lachen. Echte Gefühle sind immer das Herzstück jeder Romantik.

♥ Seien Sie sensibel, und achten Sie auf die Gefühle Ihres Partners. Nicht jede Gelegenheit, etwas Gutes zu tun, führt automatisch zum Erfolg. Der richtige Moment ist entscheidend. Manchmal reicht ein Blick, eine kleine Geste, eine vorsichtige Frage oder einfach nur, den anderen allein zu lassen.

♥ Stehen Sie zu Ihren Überzeugungen, aber denken Sie auch ernsthaft über Kritik nach, die von Ihrem Partner kommt. Ob es Ihnen dann gelingt, sich zu ändern, ist eine andere Sache. Wenn Sie das mal nicht hinkriegen, dann ist das auch gut so. Nur das Echte zählt. Und genau dafür werden Sie letztlich auch geliebt.

♥ Sagen Sie nie »Ich liebe dich« einfach nur so und bei jeder Gelegenheit. Hier gilt: bewusst oder gar nicht.

♥ »Kontrolle ist gut, Vertrauen ist besser!« Aber viel besser noch ist: vollstes Vertrauen!

Seien Sie nicht chronisch eifersüchtig, vor allem nicht, wenn sich Ihre Partnerin oder Ihr Partner mit jemand anderem verabredet. So etwas ist völlig in Ordnung. Hier gilt immer noch der alte Spruch: »Wenn du jemanden liebst, dann gib ihn frei! Wenn er zurückkommt, ist er dein. Wenn nicht, dann war er es nie wirklich.« Überraschen Sie Ihren Partner lieber mit Ihrem uneingeschränkten Vertrauen. Fragen Sie also nicht voller Misstrauen und vorwurfsvoll: »Wo warst du?«, sondern sagen Sie mit selbstbewusstem Lächeln, wie sehr Sie sich freuen, dass er wieder da ist.

Zugegeben, diese Übung ist nicht immer einfach, aber sie kann Wunder wirken.

Ihre Großzügigkeit macht Sie liebenswerter. Ebenso sollte blindes Vertrauen niemals missbraucht werden. Treue und Ehrlichkeit sind das oberste Gebot. Und das gilt selbstverständlich für beide. Es ist auch eine Form von Liebeserklärung.

♥ Schauen Sie Ihrem Partner bewusst in die Augen! Nicht irgendwohin und erst recht nicht länger, als Sie es als natürlich empfinden. Auch hier gilt: lieber kurz. Alles andere wirkt nervig.

♥ Überraschen Sie Ihren Partner mit einem aufgeräumten und sauberen Auto (auch innen), Zimmer, Wohnung oder Hotelzimmer.

♥ Lassen Sie Ihren Partner wissen, dass Sie nichts dagegen haben, wenn er Zeit für sich braucht und sie alleine verbringen will.

♥ Rufen Sie mit dem Handy vor der Rückfahrt von der Arbeit nach Hause an, und fragen Sie, ob Sie noch etwas besorgen sollen.

♥ Haben Sie zumindest Respekt und Interesse für die Hobbys Ihres Partners, auch wenn Sie sich nicht dafür begeistern können. Sie müssen nichts davon für sich selbst übernehmen, aber lassen Sie ihn spüren, dass Sie seine Interessen als wertvollen Teil von ihm anerkennen.

RITUALE DER LIEBESZAUBERER

Rituale sind wiederkehrende Ereignisse, die einfach zu jeder Beziehung dazugehören. Sie geben uns Sicherheit und Halt. Überlegen Sie sich, welche Rituale Ihnen auf Dauer gefallen könnten. Im Idealfall werden sie zu etwas angenehm Vertrautem. Doch seien Sie sich immer bewusst, dass ein Ritual nicht erzwungen werden kann. Sie werden schnell merken, was das Richtige für Sie ist.

Man sollte mit Ritualen auch nur dann beginnen, wenn man sie wirklich auf Dauer durchhalten kann. Denn das Schwinden eines Rituals kann als Schwinden der Gefühle gedeutet werden!

Hier ein paar Beispiele für Rituale in einer Beziehung:

- sich bewusst voneinander verabschieden, selbst bei kleinen Erledigungen, ein kleiner Kuss, sich in die Augen schauen
- auf eine Tafel in der Diele oder Küche eine liebe oder informative Nachricht oder eine Zeichnung hinterlassen
- allabendlich ein Betthupferl aufs Kopfkissen des Partners legen
- sich täglich eine Rückenmassage geben
- den angewärmten Bademantel ans Bett bringen
- sich gegenseitig jeden Morgen aus der Zeitung vorlesen
- miteinander über den Tag sprechen, am Morgen und/oder am Abend (im Bett)
- einen Aufkleber in die Morgenzeitung kleben mit einem Liebesgruß
- eine Blume auf das Handtuch legen
- das Handtuch auf der Heizung oder im Wäschetrockner erwärmen
- ein Frühstück oder zumindest den Kaffee ans Bett bringen
- ein erfrischendes Getränk, einen Kaffee, einen selbst

gemachten Obstsalat an ihren/seinen Schreibtisch, an den Computer bringen
- etwas vor dem Einschlafen vorlesen: ein Gedicht, einen romantischen Liedtext, einen selbst geschriebenen Liebesbrief oder eine Gutenachtgeschichte
- eine Fernsehsendung, eine Lieblingsserie zusammen anschauen, jede Woche um die gleiche Zeit
- gemeinsam in freier Natur laufen oder spazieren gehen
- gemeinsam am Wochenende den Lottoschein ausfüllen und dann gespannt während der Live-Ziehung vor dem Fernseher fiebern
- einmal im Quartal einen ganzen Tag gemeinsam im Bett verbringen
- einmal im Monat ins Theater oder tanzen gehen
- wenn Sie getrennt leben, täglich um eine bestimmte Uhrzeit anrufen
- jeden Monat ein neues Restaurant ausprobieren
- bei jeder Verabschiedung die Nasenspitze sanft aneinanderreiben

GEWOHNTES, MAL GANZ ANDERS

- Machen Sie einmal die Nacht zum Tage. Was Sie (miteinander) anstellen, bleibt Ihnen überlassen. Unternehmen Sie eine Nachtwanderung, zählen Sie die Sterne am Firmament, warten Sie auf eine Sternschnuppe, schauen Sie einen Film, die Oscar-Verleihung live, erzählen Sie sich gegenseitig Ihre Träume, hören Sie einen Krimi (als Hörbuch oder Hörspiel), lesen Sie sich eine Gruselgeschichte vor, gönnen Sie sich ein gemeinsames Schaumbad mit Champagner und Fingerfood oder tun Sie etwas anderes Wunderbares!

- So manche Blume bzw. Pflanze ist zu schade, um sie einfach nur anzuschauen. Schenken Sie einen Strauß aus Blumen, deren Blüten man essen kann (z. B. Kapuzinerkresse, bestimmte Orchideenarten, Gänseblümchen, Ringelblumen, Rosen, Veilchen). Oder Sie dekorieren ein Abendessen damit. Es gibt ganze Kochbücher zu diesem Thema. Guten Appetit!

  Vorsicht! Vergewissern Sie sich unbedingt, dass Sie nur Blumen verwenden, deren Blüten wirklich genießbar, ungiftig und auch nicht von Schädlingen befallen sind! (Maiglöckchen sind z. B. extrem giftig!) Blumen aus dem Blumenladen eignen sich ebenfalls nicht zum Verzehr, da sie meist behandelt sind. Nehmen Sie ausschließlich speziell angebaute, essbare Blüten vom Gärtner (Markt) oder die aus Ihrem eigenen Garten bzw. vom Balkon.

- Flirt im Theater: Sie haben vor, demnächst ein großes Theater oder Opernhaus zu besuchen? Eines mit Logen, Balkonen und Rängen? Dann machen Sie sich den Spaß und setzen sich nicht nebeneinander, sondern auf getrennte Plätze im Zuschauerraum! Keiner weiß zunächst, wo der andere sitzt. Also müssen Sie sich gegenseitig ausspähen. Auch mit Hilfe des Opernglases. Sobald Sie sich entdeckt haben, flirten Sie dezent über die Köpfe der übrigen Zuschauer hinweg, bis sich der Vorhang öffnet ...

  Damit Sie sich im Halbdunkel leichter finden, sollten Sie vorher zumindest miteinander ausmachen, wer auf welcher Seite des Zuschauerraumes sitzen wird (»in Richtung Bühne links oder rechts«). Zudem empfiehlt es sich, Plätze auf den gegenüberliegenden Rängen zu wählen. Gute Unterhaltung!

- Ändern Sie die Spielregeln beim MONOPOLY. Statt »Goethestraße« steht da »Küssen!«, statt »Drei Runden aussetzen beim Würfeln«: »Sie erhalten eine Rückenmassage von Ihrem Partner!« Vielleicht fällt Ihnen ja noch etwas Schönes ein ...

KAPITEL 3

LIEBESZAUBER ALLERORTS

»Bring mich an den Horizont!«
Aus dem Film FOREVER YOUNG

ZAUBERHAFTES ZUHAUSE

Eine Single-Wohnung zu gestalten ist einfach. Die Einrichtung einer gemeinsamen Wohnung ist allerdings eine wahre Herausforderung an die Kompromissfähigkeit eines Paares – doch wenn es ihm gelingt, aus dieser Prüfung zufrieden herauszugehen, hat es einen großen Schritt aufeinander zu getan.

Ihr Zuhause sollte Sie beide gleichberechtigt repräsentieren, es ist ein Ausdruck Ihrer beider Persönlichkeiten. Es gibt ein paar Dinge, die das harmonische Zusammenleben erleichtern und dafür sorgen, dass der Funke auch dann nicht erlischt, wenn man sich jeden Tag sieht und gemeinsam den Fußboden wischt.

- Sorgen Sie dafür, dass jeder von Ihnen die Möglichkeit hat, sich zurückzuziehen. Wenn Sie genug Raum haben, sollten Sie beide ein Zimmer haben, in dem Sie Ihren ganz eigenen Geschmack, Ihre Hobbys oder Sammelleidenschaft ausleben können. Nichts ist wichtiger in einer Partnerschaft, als sich selbst als eigenständige Person zu erleben.

- Die Geschmäcker SIND verschieden, aber es gibt allgemeine Gesetzmäßigkeiten, denen wir Menschen unterliegen. Farben und Licht haben eine starke Wirkung auf uns, sowohl positive als auch negative. Achten Sie darauf, welche Farben in Ihnen Wohlbefinden bewirken. Richten Sie die Auswahl Ihrer Möbel und Stoffe darauf aus.

DAS SCHLAFZIMMER – DIE OASE DER LIEBESZAUBERER

Gestalten Sie Ihr Schlafzimmer als erholsamen, romantischen und verführerischen Ort, in dem Sie sich gern aufhalten. Es ist das Reich

Ihrer Träume! Unbelastet und von wohliger Leichtigkeit. Kein Bügelzimmer oder begehbarer Kleiderschrank, vielmehr ein »heiliger Tempel« der Ruhe, der Regeneration und Sinnlichkeit, aber auch der Meditation und Kreativität.

Alles, was Sie umgibt, sollte Raum für Fantasie lassen, sollte zwei liebende Menschen zu den schönsten und aufregendsten Erlebnissen inspirieren.

Mehr noch als in allen anderen Zimmern ist hier das Licht von großer Bedeutung. Denken Sie an die Bühne eines Theaters. Jede Szene hat hier auch ihre entsprechende »Lichtstimmung«. Probieren Sie alles Mögliche aus! Von beruhigend und sanft bis aufregend und erotisch: die Beleuchtung macht's!

Halten Sie Ihr Schlafzimmer frei von »Störfaktoren«. Wenn es um den Schlaf, die geistige und körperliche Regeneration geht, reagiert unser Körper sehr sensibel auf äußere Einflüsse. Hier ein paar »Übeltäter«, die Sie vermeiden sollten:

- Elektromagnetische Felder durch zu viele Geräte mit Sender (lassen Sie z. B. das Handy nicht eingeschaltet neben Ihrem Bett liegen, verbannen Sie alle elektronischen Geräte, die Sie nicht wirklich brauchen).
- Der Fernseher – Dauerberieselung oder Horrorfilme können echte Schlaf- und Erotikkiller sein.
- Chemische Keulen – vermeiden Sie Duftsprays und Mottenpulver in den Kleiderschränken und vor allem Kleidungsstücke, die »frisch« aus der chemischen Reinigung kommen.
- Schmutzige Wäsche – sie hat im Schlafzimmer nichts zu suchen. Im direkten und im übertragenen Sinne. Lassen Sie keine herumliegen (auch nicht als Bettzeug) und »waschen Sie keine schmutzige Wäsche«, wie man so sagt. Klären Sie Unstimmigkeiten an einem anderen Ort, und belasten Sie Ihren »Traumtempel« nicht mit dunklen Gedanken und Stimmungen. Versuchen Sie, sich immer vor dem Schlafengehen wieder zu versöhnen.

Sie verbringen (laut Statistik) ungefähr ein Drittel Ihres Lebens im Bett, einen Großteil dieser Zeit wiederum in Ihrem Schlafzimmer. Daher können Sie ruhig auch etwas in das Interieur investieren. Gönnen Sie sich den Luxus! Frei nach William Shakespeares »Hamlet«. Da rät Polonius Laertes vor dessen Abreise: »Die Kleidung kostbar, wie's dein Beutel kann, doch nicht ins Grillenhafte; reich, nicht bunt.«

LIEBESZAUBER IM EIGENEN REICH

- Stellen Sie sich den Wecker ein bisschen früher als den Ihres Partners. Nach dem Duschen und Zähneputzen klettern Sie zu ihr/ihm ins Bett als ganz persönlicher Weckdienst, vielleicht auch mit (am Abend vorher) ausgesuchter Musik. Und: mit Frühstück, heißem Kaffee/Tee und – einer Rose. So wird aus einem beliebigen Tag ein sehr besonderer.

- Wärmen Sie Ihrem Partner – besonders im Winter – morgens im Bad ein Handtuch vor (auf der Heizung).

- Lassen Sie Ihrer Liebsten morgens ein wohlig duftendes Schaumbad ein.

- Stecken Sie Ihrem Partner eine kuschelig warme Wärmflasche an das Fußende des Bettes.

- Erinnern Sie sich, wie Sie am Ende einer langen Flugreise, kurz vor dem Frühstück, freundlich von den Flugbegleitern mit angenehm duftenden, heißen Erfrischungs-Stofftüchern geweckt wurden? Ganz ähnlich können Sie Ihren Partner auch zu Hause verwöhnen. Die gleichen Tücher gibt's auch in der Apotheke. In verschiedenen Duftrichtungen (z. B. Kampfer, Menthol oder Vanille) oder duftneutral. Sie sind einzeln in Alutütchen abgepackt und somit hervorragend geeignet, heiß oder kalt serviert zu werden. Einfach das Päckchen vorher in ein heißes Wasserbad oder in den Kühlschrank legen.

- Nehmen Sie zumindest einmal am Tag eine Mahlzeit gemeinsam ein. Lassen Sie sich Zeit dafür!

- Nehmen Sie sich täglich auch Zeit für sich selbst. Zum Reflektieren, Planen, Aufräumen, Schreiben oder Lesen. Lassen Sie Ihren Partner wissen, dass Ihnen dies genauso wichtig ist wie die Zeit MIT ihm. Nur so können Sie auf Dauer harmonisch miteinander leben.

- Manches gute Hotel macht es vor. Überraschen Sie Ihren Partner mit einem kleinen Betthupferl: ein kleines Schokoladentäfelchen auf dem Kopfkissen oder die Erfüllung eines lang gehegten Wunsches (CD, DVD, eine Kinokarte).

- Hinterlassen Sie lieber eine Notiz zu viel, als den Partner über Ihren Aufenthaltsort, Ihre Pläne und Termine im Dunkeln tappen zu lassen.

- Sorgen Sie immer wieder für gute, frische Luft in Ihren Wohn- und Arbeitsräumen! Lüften Sie lieber mehrmals am Tag, statt Raumsprays zu verwenden.

  Möchten Sie einen unangenehmen Geruch vertreiben, dann nutzen Sie Omis altbewährtes Hausmittelchen: Kochen Sie in einem Topf die Mischung aus Wasser, Äpfeln, Rosinen und Zimt. Sogleich verbreitet sich ein angenehmer Duft in Ihrer Wohnung. Zugegeben, nicht gerade neutral, aber sicher gesünder als so genannte »chemische Keulen«.

- Kennen Sie das? Sie sitzen im Zuschauerraum eines Theaters, und endlich öffnet sich der große Vorhang! Warum nutzen Sie diesen Effekt nicht auch für sich, z. B. beim Ankleiden (und Schminken)?

  Verschließen Sie daher also die Tür des Zimmers, in dem Sie sich befinden, und lassen niemanden hinter die Kulissen schauen. Erst wenn alles perfekt ist, öffnen Sie die Tür – und haben Ihren großen Auftritt.

- Gibt es ein Kleidungsstück, eine Kombination, ein Detail, das sie oder er gern an Ihnen sieht? Ziehen Sie es ohne Vorankündigung an, mit einem verschwörerischen Augenzwinkern.

- Das Bad gehört Ihnen. Natürlich nicht den ganzen Abend. Aber wenn Sie mal drin sind, schließen Sie die Tür. Es gibt Dinge, die niemanden etwas angehen, auch den Partner nicht. Ungestörtes Schminken oder Rasieren gehören auch dazu.

- Duschen Sie ab und zu gemeinsam! Machen Sie ein sinnliches Erlebnis daraus, oder genießen Sie einfach nur die Nähe Ihres Liebsten.

- Verlassen Sie Ihren Partner nie ohne einen Kuss, ein Lächeln, einen Blick in die Augen oder eine zärtliche Umarmung!

- Legen Sie mit Zuckerwürfeln in Herzform eine Spur quer durch die Küche bis zur Zuckerdose: Darin liegt ein Zettelchen mit den Worten »ICH FINDE DICH SÜSS!«.

- Überraschen Sie Ihren Partner morgens mit vielen Luftballons an der Decke. Reiben Sie die Ballons nach dem Aufblasen vorsichtig an einem Wollpullover. Die dünne Außenhaut lädt sich so auf, und damit wird der Ballon »magnetisch« und bleibt an der Decke kleben.

- Wenn Sie nach der Arbeit nach Hause kommen und sich vorher schon für eine bestimmte Zeit angekündigt haben, dann rufen Sie Ihren Partner an, wenn Sie direkt vor der Haustür stehen, und sagen, dass Sie sich leider verspätet hätten. Drücken Sie währenddessen auf den Klingelknopf, und telefonieren Sie weiter mit ihm, während er die Wohnungstüre schon geöffnet hat.

- Wenn Ihr Partner erschöpft von der Arbeit nach Hause kommt, überraschen Sie ihn mit einem spontanen Verwöhnmanöver: Er soll sich auf die Couch oder aufs Bett legen und erst einmal gar nichts tun. Dann lassen Sie ihm ein duftendes Bad ein. Während er sich in der Wanne entspannt, kochen Sie etwas Leckeres. Wenn er erholt aus dem Bad steigt, wartet schon ein köstliches Mahl mit einem guten Wein auf ihn. Guten Appetit!

- Geben Sie ein paar Tropfen ihres Lieblingsparfüms auf die noch ausgeschalteten Glühbirnen einer Lampe am Bett. Sobald Sie sie einschalten, entfaltet sich der Duft.

- Es muss nicht immer Frühstück sein – warum gibt's nicht einmal Abendessen im Bett?

- Veranstalten Sie ein »Rendezvous zu Hause«, ganz edel, mit einem Candle-Light-Dinner und romantischer Musik. Tanzen Sie bei Kerzenlicht durchs Wohnzimmer. Um Abendgarderobe wird gebeten!

- Bitten Sie doch mal Ihren Pizzabäcker, die Peperoni in Herzform oder in Form der Initialen Ihres Partners auf die Pizza zu legen oder gar die Pizza in Herzform zu schneiden.

- Wann haben Sie das letzte Mal eine Kissenschlacht veranstaltet? Also, dann wird's aber Zeit: Besorgen Sie viele kleine, weiche (!!!) Kissen – dann eine kleine, unbedeutende Provokation, und los geht's!

♥ Besorgen Sie sich wasserlösliche Filzstifte, die sich leicht wieder entfernen lassen. Schreiben Sie damit ein Kompliment oder eine Liebeserklärung auf die Badezimmerkacheln. Die Variante für Fortgeschrittene: seitenverkehrt auf die gegenüberliegende Wand des Badezimmerspiegels schreiben. Oder einfach auf den Spiegel über dem Waschbecken.

♥ Bevor Sie verreisen, blasen Sie einen Luftballon bis auf Kopfgröße auf, malen ein lustiges Gesicht darauf und legen ihn auf Ihre Seite des Bettes aufs Kopfkissen. Und zwar so, dass das Gesicht in die Richtung Ihres Partners guckt. Dann füllen Sie das Bettlaken darunter mit Kissen auf, damit es aussieht, als ob Sie dort lägen.

♥ Lesen Sie sich Ihre alten Liebesbriefe gegenseitig vor. Lassen Sie die Erinnerungen wieder lebendig werden – an die vollkommene Verliebtheit, die Aufregung, den Rausch des Unbekannten.

♥ Reservieren Sie zu Hause, an einer gut sichtbaren Stelle eines Bücherregals, eine »Kitschecke«, eine Art »Altärchen« für alle geschätzten gegenseitigen Mitbringsel. Aber nehmen Sie nur solche Dinge, die Ihnen wirklich gefallen, die Ihnen etwas bedeuten oder eine gemeinsame Erinnerung hervorrufen.

♥ Überraschen Sie Ihren Partner mit einer Liebeserklärung, die Sie mit farbiger Kreide vor der Haustüre oder dem Auto Ihres Partners auf den Boden gemalt oder geschrieben haben. Der nächste Regen wischt alles wieder fort. Doch so lange sieht es Ihre Liebste, Ihr Liebster immer wieder.

Kapitel 3

UND WENN DIE MAGISCHEN ENERGIEN EINMAL ÜBERFLIESSEN ...

ZEIT DER ZÄRTLICHKEIT – EIN REZEPT FÜR EINEN CHARMANTEN ABEND ZU ZWEIT

Die Zutaten:

- *Zeit und gute Laune*
- *ein wohltemperiertes Wohnzimmer*
- *kein Handy, Telefon oder Computer*
- *kein Fernsehprogramm, kein Video, keine Spiele*
- *ein Kerzenständer mit weißen Kerzen oder Teelichte und Streichhölzer oder Feuerzeug*
- *eine Lichterkette*
- *eine Dusche oder eine Badewanne mit Schaumbad*
- *etwas Parfüm auf der Haut*
- *ein schlichtes, aber feines Abendessen (z. B. Weißbrot, guter Käse und Rotwein, Dessert)*
- *eine Stereoanlage mit einer romantischen CD (Musik, zu der Sie ganz langsam tanzen können)*
- *sanfte Hände und Streicheleinheiten*

Eigentlich brauchen Sie beide nur sich selbst. Und wenn Sie es schaffen, ein paar Minuten bei sanften Klängen und ohne Worte im Kerzenlicht ganz langsam miteinander zu tanzen und zu träumen, dann ist alles gut. Nehmen Sie sich, sooft es geht, Zeit für Ihre ganz persönliche und innige Zärtlichkeit.

SIEGEREHRUNG IN DER BADEWANNE

Eine prickelnde Mischung aus heiß und kalt: Sobald Ihr Partner im heißen Schaumbad der Badewanne genüsslich »versunken« ist, reichen Sie ihm einen kühlen Champagner und einen Obstsalat, frisch aus dem Kühlschrank.

TROPENZAUBER IM BAD

Verwandeln Sie Ihr Badezimmer in einen Regenwald! Stellen Sie exotische Zimmerpflanzen und bunte Blumen um die Badewanne (notfalls noch ein paar Minipalmen dazukaufen). Dann stellen Sie rundherum Kerzen in sicherer Höhe auf. Dazu Hawaii-Klänge, und/oder Wellenrauschen von CD, eine kühle Piña Colada und ein Schaumbad mit Kokosnuss-Duft. Rein in Bikini und Badehose, und ab in die Wanne! Dort steht ein Regenschirm bereit, auf den Sie den tropischen Regen aus der Dusche prasseln lassen können.

BLÜTENZAUBER IN DER BADEWANNE

Verwöhnen Sie Ihren Partner mit einem wohligen, romantischen Schaumbad bei Kerzenlicht und sanfter Musik. Zum Abschluss gibt's ein Feuerwerk der ganz besonderen Art. Dazu füllen Sie einen Luftballon mit kleinen roten oder bunten Rosenblüten. (Mit etwas Geschick und Übung gelingt es Ihnen, das Mundstück des Ballons so weit auseinanderzuziehen, dass die Blüten in den Ballon fallen. Am besten, Sie bitten jemanden, Ihnen dabei zu helfen.) Dann blasen Sie den Luftballon ganz normal auf, machen einen Knoten ins Mundstück und reichen ihn Ihrem Partner zusammen mit einer Nadel. Sobald er hineinsticht, gibt's einen lauten Knall, und die Rosenblüten segeln wie bunter Schnee durch die Luft.

Es gibt übrigens für das romantische Bad in der Wanne so genanntes »Badekonfetti«. Das sind hauchdünne, kleine Seifenflocken in Herzform oder auch rote Rosenblätter aus Seife, die das Badewasser in ein Schaumbad verwandeln. (»Romantic Rose« und »Rose Soap« von Out of the Blue. Gibt's in Geschenkboutiquen und unter: www.oothb.de)

STERNENHIMMEL

Kleben Sie fluoreszierende Leuchtsterne so an die Schlafzimmerdecke, dass man im Liegen ein »Sternbild« in Form eines stilisierten Herzens oder gar die Worte »Ich liebe dich« erkennen kann. Die Sterne nicht zu dicht aufkleben, dann wirkt es echter.

DIE PERSÖNLICHE LESUNG

Lesen Sie Ihrem Partner ab und zu vor dem Schlafengehen, vor dem Abendessen oder in einer anderen passenden Minute ein romantisches Gedicht, eine Kurzgeschichte, ein Märchen z. B. aus Tausendundeiner Nacht vor.

UND NOCH EIN ECHTER ZAUBER-»TRICK«, UM ARBEIT UND VERGNÜGEN ZU VERBINDEN: DIE PUTZ-RALLEY

Wollen Sie Ihren Liebsten dazu bringen, endlich auch mal was im Haushalt zu tun? An einem Tag, an dem er nicht bis zum Hals in Arbeit steckt, geben Sie ihm einen Umschlag in die Hand. Auf der Karte darin steht: »Große Überraschungen und Abenteuer warten auf Sie, Sir! Es wird sich für Sie lohnen! Befolgen Sie meine Anweisungen ganz genau!

Beginnen Sie direkt im Bad, im kleinen Schränkchen, wo die Reinigungsmittel stehen. Gehen Sie dorthin, suchen und finden Sie!«

Neugierig, wie die meisten Männer, wird er nachschauen. Am Essigreiniger hängt dann ein Zettelchen mit dem Hinweis: »Gratuliere! Wenn Sie hiermit die Wanne und das Waschbecken reinigen, dann erhalten Sie einen Überraschungsgutschein!

Jetzt gehen Sie ins Wohnzimmer. Unter dem Buch ›In 80 Tagen um die Welt‹ liegt ein Staubtuch. Entstauben Sie alle glatten Oberflächen, und gewinnen Sie einen Abenteuer-Coupon.

Gehen Sie in die Küche, dahin, wo die Spülbürsten stehen. Wenn der Fußboden gewischt ist, haben Sie sich einen Fantasiegutschein verdient.

Gehen Sie ins Schlafzimmer. In der Nachttischschublade liegt ein weiterer Brief. Darin befinden sich die Bons.«

Wenn er diesen Umschlag öffnet, wird er die Auflösung finden: Für den Überraschungsgutschein backen Sie ihm seinen Lieblingskuchen. Für den Abenteuer-Coupon gibt es einen Besuch im Kino für zwei Personen, für den Fantasiegutschein darf er sich etwas wünschen ... Die Details passen Sie natürlich an Ihre eigene Wohnung an.

Es soll übrigens auch Männer geben, die mehr Wert auf Sauberkeit legen als ihre Partnerinnen ... Die »Putz-Ralley« lässt sich also auch umgekehrt veranstalten!

LIEBESZAUBER IN DER NÄHEREN UMGEBUNG

URLAUB IN DER EIGENEN STADT

Sie gehen zusammen durch die Fußgängerzone und schlendern durch die Geschäfte. In jedem Laden ist bereits etwas vorbereitet: Die Geschenke sind bezahlt und hübsch verpackt. Überall sind die Verkäufer(innen) »vorgewarnt« und warten auf Ihren Besuch und Ihr geheimes Zeichen, das Geschenk Ihrem Partner zu überreichen: ein Kleid, Strümpfe, Schuhe, eine Krawatte oder auch ein Schmuckstück. Am Ende der Straße gibt es vielleicht ein nettes Hotel. Dort ist natürlich ein Zimmer gebucht und hergerichtet. Der Champagner steht bereit. Aus dem CD-Player ertönt Musik. Später gibt es dann ein exklusives Dinner in einem nahe gelegenen Restaurant (oder gleich im Hotel). Natürlich lässt sich die Tour abkürzen, und sämtliche Geschenke warten im Hotelzimmer auf Sie.

FLASCHENPOST UNTERWEGS

Legen Sie bei einem gemeinsamen Spaziergang eine präparierte schöne alte Flasche heimlich in einen kleinen Teich. Dann tun Sie so, als würden Sie sie zufällig entdecken. Wenn Ihr Partner die Flasche öffnet, findet er darin Ihre Liebesbotschaft.

IN DIE KIRCHE?

Sie müssen kein strenggläubiger Christ sein, um in eine Kirche zu gehen. Gönnen Sie sich das Erlebnis, und besuchen Sie unbedingt gemeinsam eine kleine Kapelle in den Bergen, eine Kirche in Ihrer Nähe oder eine imposante Kathedrale. Oft erlebt man wunderbare Momente der Ruhe und Besinnung in einem leeren Gotteshaus. Mit etwas Glück lauschen Sie der Probe eines Organisten oder Kirchenchores: ein unerwartetes kostenloses Konzert nur für Sie beide!

Aber auch die Zeremonie einer heiligen Messe kann zu einem unvergesslichen Erlebnis werden. Kirchliche Rituale, eine erhebende Predigt, die Gemeinschaft der Gläubigen, deren Gesang. All das hat etwas Erbauliches, so wie auch die grandiosen Bauten der Kirchenschiffe. Wenn Sie mögen, nutzen Sie die Chance für eine kleine Unterrichtsstunde in Sachen Baustil, Epochen und Kirchenkunst. Wozu gibt es Reise- oder Kirchenführer?

Wenn Sie beide gläubige Christen sind, wird ein gemeinsamer Gottesdienstbesuch natürlich ganz besonders verbindend sein.

Wenn Sie eine Moschee besuchen, achten Sie bitte auf angemessene Kleidung und die entsprechenden Verhaltensregeln.

DIE BRETTER, DIE DIE WELT BEDEUTEN ...

Selbst wenn Sie keinen Sinn für Oper, Schauspiel oder einen Ballettabend haben – versuchen Sie es trotzdem einfach mal: Wagen Sie sich in Aufführungen unterschiedlicher Genres. Sei es die

Musik, eine faszinierende Handlung, ein Darsteller, der Sie in den Bann zieht: Wenn Sie für die Magie der Bühne offen sind, kann ein Theaterbesuch zu einem ganz besonderen Erlebnis werden. Und ganz nebenbei ist es eine wunderbare Gelegenheit, zwei Stunden lang still und verliebt die Hand Ihres Partners zu halten und ihn neben sich zu spüren.

IM MUSEUM

Gehen Sie gemeinsam in ein Museum oder in eine Ausstellung. Nachdem Sie den Eingang passiert haben, trennen sich Ihre Wege, und jeder besucht für sich die Räume, die ihn interessieren. Anschließend treffen Sie sich zu einer vereinbarten Uhrzeit in der Cafeteria des Kunsthauses. Dort erzählen Sie sich, was Sie alles gesehen haben. Danach können Sie sich gegenseitig Ihre Lieblingsstücke zeigen.

SINGING IN THE RAIN

Machen Sie's wie Gene Kelly in seiner berühmten Szene des Films »Singing in the Rain« (deutscher Titel: »Du sollst mein Glücksstern sein«). Schlendern, tanzen, ja singen, planschen und albern Sie vergnügt (mit oder ohne Grund) im warmen Sommerregen auf dem Bürgersteig! Keine Angst vor dem Wasser (oder kopfschüttelnden Passanten), die Klamotten trocknen ja schnell wieder.

KOMM, GIB MIR DEINE HAND

»I wanna hold your hand!« ist ein großer Erfolgstitel der Beatles. Halten Sie öfter mal wieder Händchen – wenn Sie mit Ihrem Partner spazieren gehen, beim Einkaufsbummel oder im Kino. Es ist eine wunderbare und einfache Geste, die einen an die erste Verliebtheit erinnert und ganz viel Wärme schenkt – fürs Herz und für so manches kalte Händchen. Und die anderen sehen, dass Sie zusammengehören. Besonders innig und wirksam natürlich, wenn Sie im Dunkeln unterwegs sind.

SCHWIMMBAD FÜR ZWEI AM MORGEN

Gehen Sie am frühen Morgen in ein Schwimmbad, wenn es noch leer ist. Suchen Sie am besten ein Bad aus, das einen Whirlpool oder einen Warmwasserbereich besitzt, und lassen Sie sich eng umschlungen vom Wasser tragen. Danach gibt's ein üppiges und gesundes Frühstück – und der Tag kann beginnen!

ZU ZWEIT UNTERM STERNENHIMMEL

Stellen Sie in einer lauen, wolkenlosen Sommernacht zwei Liegestühle nebeneinander in Ihren Garten, auf eine idyllische Wiese oder auf die Dachterrasse, und legen Sie sich hinein. Beobachten Sie so lange wie möglich zusammen die Sterne und Sternbilder! Lassen Sie die Weite der Nacht auf sich wirken. Vielleicht bedarf es keiner Worte, vielleicht entwickeln sich auch tiefgründige Gespräche. Sie können auch ein Picknick unter dem Nachthimmel veranstalten. Besorgen Sie sich eine hübsche Laterne mit einer Kerze, romantischer geht's kaum!

EIN SOMMERMORGENTRAUM

An einem schönen Wochenende im Sommer stellen Sie sich den Wecker auf etwa vier Uhr morgens. Wie vorher abgesprochen wecken Sie Ihren Partner. Nach kurzer »Katzenwäsche« und Zähneputzen geht's direkt zum Auto, das bereits vor der Tür geparkt ist. Brötchen, Kaffee oder Tee in der Thermoskanne und auch sonst alles Wichtige, was man für ein Frühstück in freier Natur braucht, sind schon eingepackt. Lassen Sie Ihren Partner unter einer warmen Decke bis zur Ankunft weiterschlafen. Erst am Zielort wecken Sie ihn vorsichtig auf und beobachten gemeinsam den Sonnenaufgang beim Frühstück an der frischen Sommerluft.

FÜR UNERMÜDLICHE

- Tun Sie einmal im Monat bewusst etwas, das Ihrem Partner Freude machen soll. Bringen Sie ihm sein Lieblingseis mit. Gehen Sie spazieren, oder kaufen Sie ihm eine CD von einem Musiker, der ihm viel bedeutet.

- Gehen Sie Zelten! Fürs Erste kann man sich eine Campingausrüstung von Freunden leihen. Wenn es Ihnen gefällt, können Sie sich eigenes Equipment zulegen. (Dabei auf keinen Fall den Doppelschlafsack vergessen!)

- Wann haben Sie das letzte Mal Minigolf gespielt? Und wer spielt besser? Verbringen Sie zusammen einen lustigen Nachmittag auf dem Minigolfplatz.

- Legen Sie sich an einem sonnigen Tag auf eine Sommerwiese, und beobachten Sie die Wolken. Einfach so. Was können Sie alles am Himmel sehen? Figuren, Gesichter, Tiere ...? Lassen Sie Ihrer Fantasie freien Lauf, und inspirieren Sie sich gegenseitig!

- Gehen Sie zusammen ins Planetarium, und stellen Sie sich vor, Sie säßen wirklich unter Sternen.

- Ist einer von Ihnen Fußballmuffel? Dann gehen Sie trotzdem einmal gemeinsam zu einem Spiel. Je größer das Stadion, desto besser. Lassen Sie die aufgeladene Atmosphäre auf sich wirken.

- Gehen Sie auf Entdeckungsreise hinaus aufs Land. Fahren Sie nur über kleine Straßen, und schauen Sie nicht in die Karte. Kehren Sie beim ersten hübschen Gasthaus ein, das sie entdecken.

Wenn Sie an einer idyllischen Pension vorbeikommen – bleiben Sie über Nacht! Und falls Sie Ihre Campingausrüstung dabeihaben, sind Sie sowieso auf alle Eventualitäten vorbereitet ...

- Nehmen Sie an einer Sightseeing-Tour durch die eigene Stadt teil, oder machen Sie bei einer historischen Führung in der näheren Umgebung mit.

- Besuchen Sie die Kirmes oder einen Freizeit- oder Themenpark, und machen Sie all die verrückten Dinge, die Sie als Kinder geliebt haben: Achterbahn und Karussell fahren, Zuckerwatte essen, Dosen werfen, alberne Souvenirs kaufen ...

- Das etwas andere »Picknick im Grünen«: Es erfordert ein gewisses Maß an Vorbereitung – denn Sie müssen vielleicht eine Genehmigung einholen. Doch wenn Sie die haben, ist Ihnen ein unvergessliches Gourmet-Erlebnis sicher: nachts allein im Gewächshaus des Botanischen Gartens (das Sie vielleicht an einen gemeinsamen Urlaub auf Bali erinnert?), auf einem Bauernhof ... oder auf einem Jäger-Hochsitz, der einen grandiosen Blick freigibt. Vieles ist möglich. Man muss es nur wollen.

- Hängen Sie mitten im Sommer eine bunte Weihnachtslichterkette auf dem Balkon oder auf der Terrasse auf.

- Gehen Sie im nächsten Winter Schlittschuh laufen. Wagen Sie sich auf die Eisbahn in Ihrer Nähe, und trauen Sie sich, gemeinsam übers Eis zu schlittern – oder zu purzeln!

RUND UMS AUTO DES LIEBESZAUBERERS

- Kratzen Sie an einem eisigen Wintertag die vereiste Windschutzscheibe Ihrer Partnerin frei. Am besten während Sie noch unter der Dusche ist.

- Legen Sie ihr eine besprochene oder bespielte Kassette/CD ins Autoradio. Kleben Sie einen Notizzettel daneben mit einem lieben Gruß. Sobald sie das Radio anmacht, wird sie Ihren Liebesgruß oder ihre Lieblingsmusik hören.

- Klemmen Sie eine Rose unter den Scheibenwischer.

- Waschen und putzen Sie das Auto Ihres Partners, und reinigen Sie es auch innen – als Überraschung natürlich.

- Verteilen Sie Rosenblätter im frisch geputzten Auto. Überall, auf dem Sitz ... Nur: Vorsicht, bitte! Vorher eine Decke auf die Stoffsitze legen. Rosenblätter färben leicht ab.

- Besorgen Sie etwa zehn mit Helium gefüllte bunte Luftballons. Dann stecken Sie die Ballons in sein Auto und beobachten ihn, wie er den Wagen öffnet. Die Ballons werden durch die Tür oder die Fenster davonfliegen und sein Geburtstagsgeschenk, das Sie vorher auf den Fahrersitz gelegt haben, freigeben.

- Überraschen Sie Ihren Schatz mit einer kleinen Liebesbotschaft auf dem Kosmetikspiegel (vor dem Beifahrersitz) Ihres Autos, die Sie vorher in einer ruhigen Minute, als das Auto geparkt war, mit einem abwischbaren Filzstift darauf geschrieben hatten. Legen Sie auch ein paar Kosmetiktücher ins Handschuhfach, damit die Schrift auf dem Spiegel gleich wieder entfernt werden kann …

ABENTEUER AUTO-WASCHANLAGE:

Überraschen Sie Ihren Partner mit einer »Abenteuerfahrt« durch Bürsten- und Wasserstrahllandschaften! Legen Sie eine CD mit der Titelmusik eines Abenteuerfilms ein (Indiana Jones, Star Wars, Zurück in die Zukunft, Harry Potter, Der Herr der Ringe usw.).

DIE SANFTE ENTFÜHRUNG

Mieten Sie das aufregendste Sport-Cabrio, das Sie finden können! Entführen Sie Ihre Partnerin nach einem Kinobesuch oder einer Party an einen idyllischen Ort!

Hier ein paar Vorschläge für die »Ausrüstung«:

- *eine leichte Decke*
- *ein paar leckere Häppchen für den kleinen Hunger*
- *Champagner oder Rotwein und zwei passende Gläser*
- *CDs mit romantischer Musik*
- *eine Flasche Mineralwasser*
- *viele kleine Kissen, um das Auto auszupolstern*
- *heißer Kaffee in der Thermoskanne, Milch und Zucker*
- *Pralinés*
- *ein Film auf einem tragbaren DVD-Player oder Laptop*
- *eine präparierte elektrische Lichterkette, die vom Zigarettenanzünder gespeist wird*
- *eine Rolle Küchenpapier oder Papierservietten*
- *Erfrischungstücher*
- *ein vorher verfasster Liebesbrief oder Liebesgedichte zum Vorlesen*
- *eine Sternenkarte, falls ein klarer Himmel zu erwarten ist.*
- *eine Rose*
- *angenehme leichte Kleidung*
- *ein Handy, für alle Fälle*
- *ein kleines Geschenk oder eine sonstige nette Überraschung*
- *das Ticket für eine kleine oder große Flugreise*
- *und vielleicht sogar ein Heiratsantrag*

LIEBESZAUBER IM JOB

- Schicken Sie ihm ein Taxi, das ihn von der Arbeit abholt. Bezahlen Sie den Taxifahrer im Voraus (inklusive Trinkgeld!), und bitten Sie ihn, Ihren Schatz zu Ihrem gemeinsamen Lieblingsrestaurant zu bringen. Natürlich darf ihm das Ziel der Reise nicht verraten werden. Dort erwarten Sie ihn natürlich schon geduldig! Das Ganze können Sie natürlich auch mit einer luxuriösen Stretchlimousine mit Fahrer veranstalten.

- Verabreden Sie mit einem Kollegen oder dem Chef Ihres Partners Folgendes: Dieser bittet Ihren Partner, ein vorbestelltes und bezahltes Geburtstagsgeschenk für die Gattin des Chefs beim Juwelier abzuholen. Er selbst müsse leider in eine dringende Sitzung, es sei sehr wichtig. Sobald Ihr Partner dort ankommt, stehen natürlich Sie grinsend hinter der Ladentheke. Und Sie überreichen den Schmuck persönlich ... der natürlich nicht für die Gattin des Chefs ist!

- Eine unbekannte Frau ruft bei ihr hochoffiziell an: »Dies ist ein Anruf für die hübscheste Frau der Welt. Moment, ich verbinde!« Dann kommen Sie ans Telefon.

Kapitel 3

LIEBESZAUBER FÜR VIELBESCHÄFTIGTE

❥ ›Er‹ lebt in Hamburg – ›ihr‹ Job ist in Stuttgart? Überraschen Sie Ihren Partner jenseits der üblichen Wochenendtermine. Natürlich müssen Sie dafür vorher höchst sensibel und völlig unauffällig herausfinden, ob er am geplanten Tag zu Hause ist. Dann bitten Sie einen Freund, ihn anzurufen und sich als Mitarbeiter eines Expressunternehmens auszugeben. Er soll eine »wichtige Lieferung« in den Abendstunden ankündigen und fragen, ob Ihr Partner dann zu Hause sei. Wenn Sie sicher sein können, dass sich das Investment lohnt, buchen Sie einen Flug und stehen als »Lieferung« selbst vor der Tür.

❥ Sie sollten immer einen kleinen Block, einen Kugelschreiber oder ein digitales Minidiktiergerät (z. B. einen Memorystick mit Mikrofon und kleinem Lautsprecher) dabeihaben. So können Sie jederzeit die Ideen aufschreiben, die Ihnen einfallen, wenn Sie allein sind oder warten müssen. Das kann ein kleiner Liebesgruß an Ihren Partner sein, ein Gedicht, das Ihnen gerade einfällt, ein Text für einen Song, eine Geschenkidee oder ein Lokal, in das Sie beim nächsten Mal zusammen gehen könnten.

❥ Verabreden Sie sich zu einem langen Telefonat am Abend. Legen Sie sich beide (im Hotel und zu Hause) aufs Bett, und erzählen Sie sich gegenseitig in Ruhe, was Sie am Tag so alles erlebt haben.

KAPITEL 4

LIEBESZAUBER FÜR REISELUSTIGE

»Einer allein fährt doch meist ohne Ziel herum. Zwei zusammen haben meistens ein Ziel.«

Aus dem Film VERTIGO

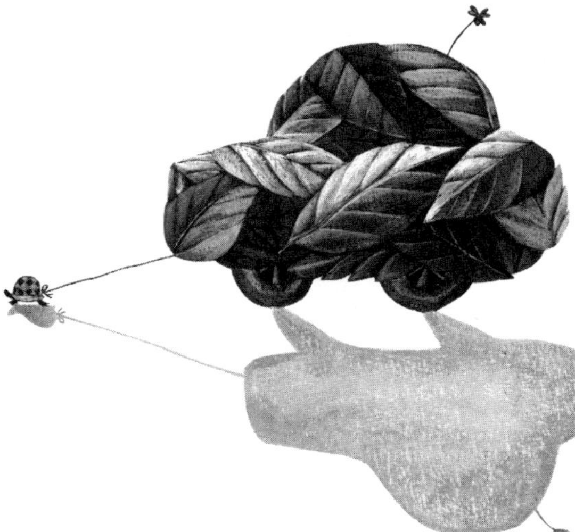

Kapitel 4

LIEBESZAUBER FÜR REISENDE UND DAHEIMGEBLIEBENE

Eine Liebesbeziehung ist wie eine Reise. Auch hier ist der Weg das Ziel. Und es macht eben einen Unterschied, ob Sie das Bild von der Trauminsel mit den Palmen und Orchideen nur anschauen oder wirklich hinfahren.

Sie sind es, die Ihre »Trauminsel« zu einem realen Ort machen, es liegt in Ihrer Macht, immer einen frischen Wind durch Ihre Beziehung wehen zu lassen. Die Liebe braucht die Luft der Kreativität, benötigt Ideen und Überraschungen.

WENN EINER VON IHNEN BEIDEN AUF REISEN GEHT UND DER ANDERE ZU HAUSE BLEIBT:

- Machen Sie eine Fotokopie von Ihrer Hand, und geben Sie Ihrem Partner das Blatt mit einem zärtlichen Kuss und den Worten: »So kannst du immer meine Hand halten, bis ich wiederkomme!«

- Bevor Sie verreisen, besprühen Sie ganz leicht (!) sein/ihr Kopfkissen, das Bettlaken, das Handtuch im Bad und sein/ihr Kuscheltier mit Ihrem Parfüm. Aber bitte wirklich nur ganz sparsam!

- Kaufen Sie vor der Abreise zwei gleiche Anhänger aus einem schönen Stein, der sich kühl und glatt anfühlt (z. B. Buddha-Figürchen aus Onyx, die man sich um den Hals hängt, oder ein Schmuckstück aus Jade). Immer wenn Sie ihn auf der Haut spüren, werden Sie an Ihre/n Liebste/n denken.

- Ob allein oder gemeinsam am Strand: Malen Sie Ihre Initialen in den Sand (mit Herz, zwei Ringen ...), und fotografieren Sie die »Urlaubsgravur«, bevor die Brandung alles wieder fortgewischt hat. Entweder Sie senden das Foto gleich per MMS nach Hause, oder Sie bringen das Bild selbst mit.

- Drücken Sie Ihrem Partner kurz vor dessen Abreise einen Kompass in die Hand mit den Worten: »Damit du immer wieder zu mir zurückfindest!«

- Sie sind auf Reisen – und können den liebsten Menschen nicht mitnehmen? Sie sind noch dazu an einem wunderschönen Ort und vermissen den Partner sehr? Vielleicht sind Sie in Italien und können einen Olivenzweig pflücken oder in Südfrankreich Lavendel – vielleicht ist es auch die Blüte eines thailändischen Flammenbaums ... Teilen Sie Ihr Reiseglück, und schicken Sie diesen botanischen Liebesgruß an Ihren Liebsten per Kurier! Und wenn's zu teuer würde, über Tausende von Kilometern hinweg, dann umwickeln Sie dieses kostbare Souvenir sorgsam mit feuchtem Papier, verpacken es gut in einer Plastiktüte und schleppen es im Handgepäck nach Hause. Informieren Sie sich jedoch immer vorher, ob es erlaubt ist, Pflanzen oder Teile davon auszuführen. Manche Länder haben in diesem Punkt sehr strenge Auflagen.

- Verstecken Sie im Reisegepäck des Partners kleine Fotos und Zettelchen mit Liebesbotschaften. Zum Beispiel in den Socken, Schuhen, in den Hosen- und Jackentaschen, im Kalender oder der Reiselektüre.

- Packen Sie Ihrem Partner eine Tafel seiner Lieblingsschokolade als Reiseproviant ein (natürlich nicht im Hochsommer, wenn alles schmilzt).

- Wie wäre es mit einem originellen Wecker? Es gibt sogar Modelle, auf die man MP3-Dateien direkt vom Computer übertragen kann. Auf diese Weise können Sie ihrem Partner etwas Liebes zum Aufwachen darauf sprechen, vielleicht sogar unterlegt mit seiner Lieblingsmusik. Ideal auch für die Zeit, in der Sie auf Reisen sind. Und vergessen Sie nicht, den Spruch oder die Musik später auch mal zu wechseln.

- Lesen Sie beide zur gleichen Zeit das gleiche Buch, hören Sie die gleiche Musik-CD oder das gleiche Hörbuch. Der eine zu Hause, der andere unterwegs. Dann haben Sie gemeinsame Erlebnisse, obwohl Sie getrennt sind.

- Kommen Sie gut mit Ihren Nachbarn aus? Dann geben Sie ihnen ein liebevoll zusammengestelltes Päckchen, und bitten Sie sie, dieses einen Tag nach Ihrer Abreise bei Ihrem Partner abzugeben.

- Stecken Sie Ihrem Liebsten eine handgeschriebene Postkarte in seine Reisetasche. Oder gar eine für jeden Tag der Reise.

- Schicken Sie dem Daheimgebliebenen am Tag der Abreise einen Brief oder eine Karte, dann bekommt er/sie Post, während Sie schon weg sind.

- Nehmen Sie unterwegs eine Videobotschaft von sich auf (mit der Kamera auf einem Stativ – zum Beispiel vor einem Wahrzeichen oder noch zu Hause). Spulen Sie die Videokassette genau an den Anfang dieser Szene, und schicken Sie die Botschaft mit der Post an Ihren Partner.

- Bevor Sie verreisen, stellen Sie ein Fläschchen mit duftendem Massageöl neben ihr Bett mit einer kleinen Botschaft: »Ich werde die ganze Flasche mit dir zusammen leer machen, sobald ich wieder da bin.« Dieses Versprechen muss dann natürlich auch eingelöst werden!

- Wenn Ihre Rückkehr kurz bevorsteht, lassen Sie ein paar Tage zuvor von einem Freund, Arbeitskollegen oder dem Blumengeschäft eine Rose an der Tür Ihrer Wohnung anbringen, mit einer schönen Karte: »In ein paar Tagen werde ich dich in meine Arme schließen. Freue mich auf dich! Dein XY.«

- Der Willkommensgruß für den Rückkehrer: Basteln Sie ein riesiges Stoffbanner, um ihn zu begrüßen, wenn er von der nächsten Reise zurückkommt – oder einfach um »Ich liebe dich« zu sagen.

- Haben Sie Lieblingsfilme, die Ihr Partner noch nicht kennt, und wollten Sie immer schon, dass er sie sieht? Dann legen Sie die Videos oder DVDs in eine hübsche Kiste, und schreiben Sie ein paar Worte dazu – was Sie in welchem Film besonders lieben und welche Werke Ihr Leben beeinflusst haben. Ein netter Nebeneffekt dabei ist, dass Sie Filme, die Ihnen ans Herz gewachsen sind, nicht unbedingt noch mal anschauen müssen, und sich nach Ihrer Rückkehr Filme ansehen können, die für beide neu und spannend sind. Machen Sie vielleicht auch vorher aus, sich anschließend über den jeweiligen Film auszutauschen, ob am Telefon oder per E-Mail. Passen Sie aber bitte auf, dass Sie mit dieser Idee Ihren Partner nicht überfordern. Nichts ist schlimmer, als sich gezwungen zu fühlen.

WAS SIE IHREM PARTNER MITGEBEN KÖNNEN:

- *einen »Talisman«*
- *ein kleines Fläschchen Ihres Parfüms*
- *ein Kuscheltier*
- *Musik (erstellen Sie eine persönliche Musikmischung für Ihren Partner)*
- *etwas Praktisches (z. B. ein Schweizer Taschenmesser – natürlich nicht ins Handgepäck, sonst wird es am Flughafen konfisziert) mit einem sinnigen Kommentar*
- *Tauschen Sie die Armbanduhren!*
- *ein aktuelles Foto oder ein Kinderfoto Ihres Partners*
- *ein hübsches Taschentuch oder einen Schal*
- *einen kleinen Stein mit einer Widmung*
- *eine Haarlocke*
- *eine Grußkarte mit etwas Parfüm*

Kapitel 4

VOR DER REISE

- Unterhalten Sie sich mit Freunden, die schon öfter dort waren, wo Sie hinwollen. Sie kennen oft Geheimtipps, romantische Orte und Restaurants, die nicht im Reiseprospekt stehen. Gerade Vielflieger wie Mitarbeiter eines Reisebüros, einer Fluggesellschaft, Animateure, Taucher, Rucksacktouristen, Journalisten und Geschäftsreisende sind eine unschätzbare Quelle für zauberhafte Orte jenseits ausgetretener Pfade.

- In Hochzeitsmagazinen finden Sie gute Tipps für romantische Urlaubsziele. (Wer denkt, Hochzeitsreisen seien nur für frisch Verheiratete, der lässt sich wirklich etwas entgehen!!)

- Sehen Sie sich romantische Spielfilme an, die in dem Land gedreht sind, in das Sie reisen wollen. Dann haben Sie schon von Anfang an wunderbare Geschichten im Kopf, und vielleicht erkennen Sie den einen oder anderen Ort wieder. Und wenn Sie ein Cineast sind, besorgen Sie sich einen Film-Location-Reiseführer.

- Machen Sie sich ein wenig mit der Sprache des Landes vertraut, in das Sie reisen wollen. So können Sie sich gemeinsam auf das besondere Flair Ihres Reiseziels einstimmen.

- Suchen Sie daheim im Internet nach einem tollen Hotel in der Stadt oder der Gegend, in der Sie in Kürze gemeinsam Urlaub machen werden. Reservieren Sie dort ein Restaurant oder gar ein Zimmer, und verraten Sie Ihrem Partner das Ganze erst, wenn Sie dort angekommen sind. Am besten, Sie schauen sich dort ein Zimmer »erst mal nur zum Spaß« an. Spätestens, wenn der Zimmerservice Ihre Koffer ins Zimmer stellt, wird Ihre bessere Hälfte verstehen, was gespielt wird.

GEMEINSAM UNTERWEGS

- Bauen Sie zusammen am Strand eine Sandburg. Eine von der Sorte, von der Sie als Kind immer geträumt haben.

- Wenn Sie zusammen im Urlaub sind und gerade Postkarten an die Lieben zu Hause schreiben, dann lassen Sie Ihren Partner die Postkarte mit unterschreiben, die »mit lieben Grüßen von unserer wunderbaren gemeinsamen Reise« an die eigene Adresse geht. Das geht natürlich nur, wenn Sie die Anschrift erst später auf die Karte schreiben.

- Sicher kennen Sie das: Sie kommen unterwegs an einem Geschäft vorbei, in dem Ihr Partner etwas entdeckt, das er leidenschaftlich gerne besäße. Merken Sie sich den Namen und die Adresse des Ladens. Oder besser noch, besorgen Sie sich (wenn der Shop geöffnet hat) möglichst diskret die Visitenkarte des Geschäfts samt Telefonnummer und E-Mail-Adresse, vielleicht auch den Namen des Verkäufers. Später bestellen Sie dann den begehrten Artikel und überraschen Ihren Partner damit. Vielleicht schaffen Sie es ja auch, den Arktikel vor Ort unbemerkt zu kaufen.

- Nehmen Sie einen tragbaren CD- oder MP3-Player mit an einen romantischen See oder ans Meer. Dort spielen Sie Ihre Lieblings-Filmmusik ganz leise ab. Passend zum Sonnenuntergang und zu den anderen natürlichen Geräuschen – Vogelgezwitscher, Grillen, Wasserplätschern.

- Fahren Sie zusammen auf einem See Tretboot, oder rudern Sie abwechselnd auf einem ruhigen Fluss oder einem kleinen See.

DIE REISE-ÜBERRASCHUNG

- Organisieren Sie eine Freizeitpark-Überraschung. Fahren Sie mit Ihrem Partner dorthin, schwelgen Sie einen Tag hemmungslos im Kitsch.

- Fahren Sie »spontan« zum nächsten Flughafen, zum Beispiel an einem Samstagmorgen. Was sie/er nicht weiß, ist, dass es nicht dabei bleibt, Flugzeuge vom Besucherdeck beim Starten und Landen zu beobachten. Die Tickets, den Hotelgutschein und die wichtigsten »Requisiten« haben Sie längst heimlich eingepackt und alles mit ihrer/seiner Firma geklärt.

TRAUMHAFTE REISEZIELE

Hier eine kleine Auswahl von Reisezielen für Romantiker ...

ZAUBERHAFTES IN EUROPA:

- Amsterdam
- Andalusien (Granada, Sevilla)
- Baden-Baden
- Barcelona
- Berlin
- das Phantasialand bei Brühl
- das Stuttgarter Vasenfest
- das Allgäu
- der Bodensee
- der Europa-Park in Rust
- der Gardasee
- der Rheingau, *eine Schifffahrt auf dem Rhein*
- der Spreewald
- die Inseln der Balearen
- die Insel Rügen
- die Côte d'Azur
- die Kanarischen Inseln
- die Provence
- die Schlösser der Loire
- die Toskana
- Dresden (u. a. Frauenkirche)

- Freiburg im Breisgau
- Hamburg
- Heidelberg
- Leipzig (u. a. Gewandhaus)
- Lugano
- Mainz und Köln *(auch während der »Närrischen Tage« zu Fastnacht/Karneval)*
- Michelstadt im Odenwald
- München und Umgebung – *Lassen Sie sich beim Münchner Oktoberfest mitreißen vom Trubel, lassen Sie sich wie Kinder treiben. Schießen Sie ihr Rosen, schaukeln Sie in der Schiffsschaukel, markieren Sie den ganzen Kerl beim Autoskooter ... und gondeln Sie romantisch mit dem Riesenrad durch die Luft.*
- Paris und Disneyland Paris
- Prag
- Rom
- Sankt Petersburg
- Stuttgart *(Besuchen Sie auch das Cannstatter Volksfest in der letzten September- und der ersten Oktoberwoche.)*
- Südtirol und Tirol
- Trier *(mit Moseltour)*
- Venedig
- Weinheim an der Bergstraße
- Wien
- Wiesbaden mit Kurviertel und Parks

ROMANTISCHES IN DEN USA:

- *Besuchen Sie den* Grand Canyon *bei Sonnenaufgang und/oder Sonnenuntergang.*
- *Fahren Sie – oder noch besser – gehen Sie zu Fuß über die* Golden-Gate-Brücke in San Francisco.
- *Schauen Sie sich die* Niagarafälle *vom Boot (»Maid of the Mist«) aus an oder von der kanadischen Seite.*
- *Machen Sie eine Fahrt mit dem »Cable Car«, der alten, aber rüstigen Straßenbahn von* San Francisco!
- *Verbringen Sie ein paar Tage im* Yosemite-National-Park.
- *Unternehmen Sie einen Spaziergang durch das Prominenten-Viertel von* Beverly Hills, Los Angeles. *Es gibt spezielle Stadtpläne mit den eingezeichneten Villen der großen Hollywood-Stars und Sternchen. Mit etwas Glück sehen Sie »Ihren« Star.*
- *Das legendäre »Chinese Theatre« in* Hollywood, *nahe* Los Angeles, *ist ein Treffpunkt von Touristen aus aller Welt. Auf dem Platz*

davor finden Sie die berühmten Handabdrücke der Stars, verewigt im Zementboden. Ein Spaziergang auf dem nahen Hollywood-Boulevard *lohnt sich. Schlendern Sie über den legendären* »Walk of Fame« *mit über 2000 »Sternen« für die großen Namen des Showgeschäfts.*

- *Machen Sie eine Kalifornien-Rundfahrt, auf dem* »Highway Number One«, *der an der Küste entlangführt (bizarre, steile Felsküsten, traumhafte Villen, enge Kurven).*
- *Wie wär's mit einer Tagestour durch die Filmstudios der* »Universal Studios« *in* Hollywood? *Im Studio von «Vom Winde verweht« einen Piccolo aufmachen und heimlich auf Clark Gable oder Vivien Leigh anstoßen!*
- *Verbringen Sie eine Nacht im* Madonna-Inn-Hotel *in* San Luis Obispo, Kalifornien *(www.madonnainn.com). Kitschiger und plüschiger geht's nicht. Jedes Zimmer ist die Geschmacklosigkeit pur. Aber das mit Konsequenz und Stil. Einzigartig und (zumindest in den USA) weithin berühmt!*
- *Machen Sie einen Tagesausflug zum* Hearst-Castle *bei* San Simeon in Kalifornien *(www.hearstcastle.com). Hoch über der Küste gelegen, ist dieses monumentale Anwesen weltweit mit nichts zu vergleichen. Der legendäre und superreiche Verleger Randolph Hearst sammelte Kostbarkeiten aus aller Welt, die er in seinem wenig bescheidenen Heim zur Schau stellte. Heute ist der ehemalige Privatbesitz ein Museum und historisches Monument des Staates Kalifornien. Übrigens dienten dieses Schloss und Schlossherr Hearst als Vorbild für Orson Welles' berühmten Film »Citizen Kane«. Wandeln Sie also durch die prunkvollen Festsäle, ergötzen Sie sich an wertvollen Gobelins aus dem alten Europa, und machen Sie sich ein Bild von den Originalschauplätzen, an denen sich Stars aus der großen Zeit Hollywoods (wie Cary Grant, Charly Chaplin) mit den Einfluss-Reichen getroffen hatten. Alleine das türkisfarbene Schwimmbad ist ein unvergesslicher Anblick.*

DER LAS VEGAS-TIPP

Ob Black Jack, Roulette oder die einarmigen Banditen: Es macht einfach diebischen Spaß, eine Nacht in Sommer- und Spielerlaune in den großen Spielsalons zu zocken. Aber Vorsicht: Setzen Sie sich von Anfang an eine Grenze für Ihren Einsatz, und halten Sie sich daran! Probieren Sie nie, mit noch mehr Coupons Ihr verlorenes Geld zurückzugewinnen. Es klappt so gut wie nie. Wenn Sie immer nur mit winzigen Beträgen spielen, macht es genauso viel Spaß. Zudem ist das musikalische und kulinarische Niveau der Shows in Las Vegas absolute Weltklasse. So viele pompöse und grandios-kitschige American-Way-of-Life-Hotels finden Sie sonst nirgendwo. Das Neonlichter-Spektakel vor dem glutroten Abendhimmel sucht ohnehin seinesgleichen.

Oder vielleicht wollen Sie ja ganz filmreif in einer der kleinen »Wedding-Chapels« heiraten? Abschließend können Sie sich mit der Stretchlimousine durch die Traumkulisse dieser Traumstadt kutschieren lassen.

NEW YORK, NEW YORK (BESSER GESAGT: MANHATTAN!)

- *Genießen Sie an einem sonnigen Tag die Abenddämmerung auf der Besucherplattform des* Empire State Buildings! *Besonders der Lichtwechsel zwischen den letzten Sonnenstrahlen und dem Spektakel der unzähligen beleuchteten Fenster der gigantischen Wolkenkratzer sucht seinesgleichen.*
- *Besuchen Sie die Stadt an Weihnachten, und gehen Sie in die zauberhaft-kitschige Christmas-Show im* Madison Square Garden. *Herrlich sind auch der größte Weihnachtsbaum der Welt am* Rockefeller Center, *die preisgekrönten Schaufensterdekorationen und üppigen Straßenbeleuchtungen.*
- *Ein Hubschrauber-Rundflug über das nächtliche* Manhattan *ist zu jeder Jahreszeit eine Sensation und eine sehr sichere Angelegenheit: Helikopter und Piloten sind vom Feinsten.*

- *Gönnen Sie sich beide eine romantische Kutschfahrt durch den* Central Park. *Abfahrt am piekfeinen und berühmten* Park Hotel.
- *Eine Fahrt mit der* Staten Island Ferry *(der ganz normalen Fähre) oder eine Rundfahrt um Manhattan, inklusive Blick auf die Freiheitsstatue und Skyline der Stadt lohnt sich!*
- *Gehen Sie in den größten Spielwarenladen der Welt:* FAO. *Weltbekannt geworden durch den Film »Big« mit Tom Hanks. Allein die Barbie-Kollektion ist umwerfend.*
- *»Frühstück bei Tiffany« in der* Fifth Avenue? *Zugegeben, bei Tiffany gibt's keinen Kaffee, »nur« Schmuck, Uhren, Edelsteine, Accessoires und Parfüms über mehrere Stockwerke.*
- *Gehen Sie den gesamten* Broadway *entlang vom* Central Park *bis zur Südspitze, dem Börsenviertel, und fahren Sie mit der preiswerten U-Bahn oder mit dem Taxi zurück.*
- *Besuchen Sie ein echtes Broadway-Musical. Karten erhalten Sie bei TKS am Times Square. Gleich morgens hingehen!*

DER ROMANTISCHE NEW-YORK-TIPP

Gönnen Sie sich einen glamourösen Abend im legendären Rainbow-Room-Restaurant und Ballsaal im 65. Stockwerk des so genannten »GE Building« (ein Wolkenkratzer, ganz im Art-déco-Stil erbaut, Teil des Rockefeller Centers. Unter anderem der Sitz der NBC-Fernsehgesellschaft). Hier darf gespeist und getanzt werden. (Jeden Abend spielt eine große Big Band).

Von dort oben haben Sie (von Ihrem Tisch am Fenster aus) einen spektakulären Blick auf eines der höchsten Gebäude der Welt: das Empire State Building! Zum Greifen nah leuchtet hell die Spitze des berühmten Wahrzeichens New Yorks in drei verschiedenen Farben.

Jetzt kommt's: Da sich diese Außenbeleuchtung jede Nacht genau um Mitternacht automatisch abschaltet (an Feiertagen um 3 Uhr morgens!) behaupten Sie frech, Sie hätten magische Kräfte und könnten, mit Ihrem bloßen Fingerschnipsen, das Licht der gigantischen Turmbeleuchtung gegenüber ausschalten. Gesagt, getan: Kurz vor Mitternacht bitten Sie dann Ihren Partner, aus dem Fenster zu schauen und – Schnipp! – sind Sie der romantischste Zauberkünstler der Welt …!

Reservierung am besten eine Woche vorher oder früher unter: reservations@cipriani.com, www.rainbowroom.com, Telefon: 001 (0)212 6325100, Fax: 001 (0)212 6325105.

P.S.1: Silvester ist dort noch schöner, dann sollten Sie Ihren Tisch allerdings ein Jahr vorher buchen.

P.S.2: Es geht auch preiswerter: Die Bar (»Rainbow Grill«, ohne Abendessen) mit grandiosem Blick über die Stadt kann man auch spontan und ohne Reservierung besuchen.

P.S.3: Gehen Sie auf jeden Fall im kleinen Schwarzen oder Anzug dorthin. Herren ohne Jackett und Krawatte finden keinen Einlass.

FLORIDA:

- *Unternehmen Sie eine Florida-Rundfahrt mit dem Mietauto. Motels gibt's wie Sand am Meer. Daher ist Buchen oft überflüssig. Die Preise sind moderat.*
- *Frühstücken oder essen Sie zu Abend am Strand von* Fort Lauderdale *oder* Sarasota.
- *Die vorgelagerten Inseln an der ruhigeren und sehr romantischen Westküste* Sanibel Island *und* Captiva Island *sind ebenfalls sehr emfehlenswert. Es gibt rustikale kleine Wohnhütten mit Veranden, jede Menge Ruhe, noch mehr Muscheln, den kitschigsten rosa Sonnenuntergang, die besten Shrimps und andere Meeresfrüchte im »Mc T's Shrimphouse«, die leersten Strände, Delfine, Flamingos und Pelikane in freier Natur. Vermeiden Sie die Wochenenden, die Hurrikan-Saison (im Herbst) oder (amerikanische) Feiertage.*

Kapitel 4

DAS WALT DISNEY WORLD RESORT

Der Aufenthalt im größten Freizeitpark der Welt ist nicht gerade billig. Aber man bekommt eine Menge geboten für sein Geld. Das »magische Königreich« liegt in Orlando, Florida, und umfasst insgesamt vier verschiedene Themenparks, zwei exotisch gestaltete Badelandschaften, zahlreiche Hotels, Camping- und Golfplätze.

Mit Liebe zum Detail und verspielter Leichtigkeit ist diese (zugegeben überwiegend künstliche) Welt eine bunte Mischung aus Filmkulisse, Kitsch, Abenteuerland und beschaulicher Parklandschaft. Eine perfekte Unterhaltungswelt mit viel Technik, allerdings auch einer Menge Überraschungen, Witz und Charme. Daher eine echte Empfehlung auch oder gerade für Liebeszauberer.

Hier ein paar Highlights des Parks:

- *»It's a Small World« – Eine liebevoll gestaltete und sanfte Reise auf dem Wasser durch eine Welt der »singenden Puppen« aus aller Welt. Ursprünglich gebaut für die EXPO in New York von 1962 und immer noch ein echter Renner.*
- *Die allabendlichen Lichterparaden und Feuerwerke mit klassischer Musik.*
- *Die Mexikanische Pyramide im Themenpark »EPCOT-Center«. Hier erleben Sie eine ebenso lehrreiche wie wildromantische Fahrt durchs Land der Azteken und speisen in einem malerischen Restaurant mit feinster mexikanischer Küche (definitiv kein »Tex-Mex«).*
- *»Tower of Terror« – Erleben Sie ein Abenteuer in einem verwitterten, mysteriösen Hotel. Das Ganze endet mit einer haarsträubenden Fahrstuhlfahrt. Alles ist dem Film bzw. der Serie »Unheimliche Schattenlichter« nachempfunden.*
- *Fahrten wie »Die Piraten der Karibik« und das »Gespensterschloss« sollten Sie sich auch nicht entgehen lassen.*
- *Das »Grand Floridian« – das überaus luxuriöse Hotel mit seiner mondänen Gartenanlage im viktorianischen Stil ist geradezu ideal für eine »Flitternacht« à la Hollywood.*

Übrigens sparen Sie im gesamten Freizeitpark viel Zeit und umgehen lange Warteschlangen, wenn Sie die Fahrten und Attraktionen während der großen Paraden oder Feuerwerke aufsuchen.

Fazit: Durchaus für Erwachsene auch ohne Begleitung von Kindern geeignet.

Typische Disney-Figuren wie Micky Maus oder Donald Duck sind eher selten zu sehen.

Sehr preiswert übernachten Sie vor den Toren der Parks in einem der vielen Hotels und Motels. Informationen in Ihrem Reisebüro oder unter www.disney.com

Andere sehenswerte Freizeitparks in der Umgebung von Disney World:

- Seaworld *(Delfine, Killerwale, Wassershows)*
- Universal Studios *(Filmstudios »zum Anfassen«)*
- Wet & Wild *(Schwimmbad und Wasserpark mit den größten Wasserrutschen der Welt)*

Buchempfehlung für Reiselustige: »1000 Places To See Before You Die« (1000 Reiseziele rund um den Globus) von Patricia Schultz, deutsche Ausgabe erschienen bei Könemann.

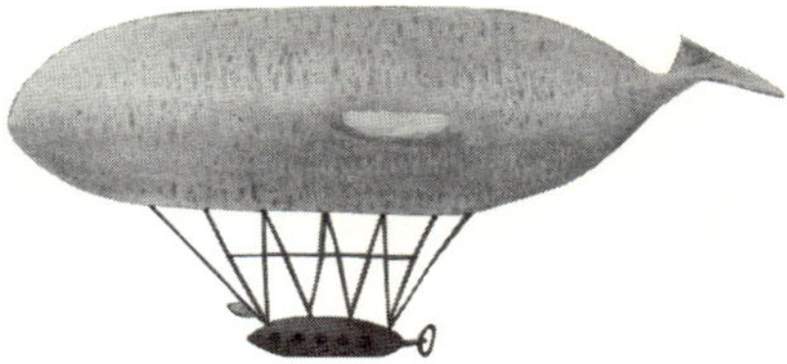

KAPITEL 5

LIEBESZAUBER KULINARISCH

»Sie essen zu viel rohes Fleisch, zu viel Weißbrot,
und Sie trinken zu viele trockene Martinis.«
«Hm, dann werde ich das Weißbrot weglassen, Sir.«

Aus dem Film JAMES BOND – SAG NIEMALS NIE

ZAUBERHAFTE LECKEREIEN

Was wäre die Liebe ohne verführerische Köstlichkeiten, ohne den Genuss feiner Speisen und Getränke? Essen ist mehr als nur die Befriedigung eines Grundbedürfnisses. Machen Sie ein unvergleichliches, sinnliches Erlebnis daraus!

ROMANTISCHE ANNÄHERUNG

Einfach zum Anbeißen, besser noch: zweifach zum Anbeißen! Leckereien, die Sie gleichzeitig von beiden Seiten verspeisen können. Kommen Sie sich näher mit:

- einer (gekochten) Spaghetti-Nudel (ganz wie Susi und Strolch im gleichnamigen Disney-Zeichentrick-Klassiker)
- Salzstangen
- Pommes frites
- Schokoladen-Katzenzungen
- einem Kaugummistreifen
- Würstchen
- Knabbergebäckstangen
- Waffelröllchen
- aufgerollten Lakritzschnecken
- Schokoladenküssen
- Löffelbiskuits
- zwei Kirschen, die zusammenhängen
- Erdbeeren
- Croissant
- Spargel
- Weingummis
- Schokoladenriegeln
- Pralinen (im Hotel: »Betthupferl«). Erhöhter Schwierigkeitsgrad: Konfekt mit Schnapsfüllung

DER ABEND MIT STÄBCHEN

Kochen Sie chinesisch, oder lassen Sie etwas Besonderes vom Chinesen nach Hause liefern. Dazu fahren Sie die komplette und möglichst authentische Dekoration auf: chinesische Musik, typische Nachspeisen (beim Chinesen nachfragen, sie haben oft mehr, als auf der Karte steht, oder wissen, wo es so etwas gibt!). Dazu noch Blüten, eine chinesische Buddha-Figur, Ornamente, bunte Fächer und farbige Seidentücher, Duft- und Räucherstäbchen, scharfe Gewürze und Soßen, ein paar rote Lampions an einer Schnur quer durchs Zimmer, zwei chinesische Hüte ...

Noch besser: Sie haben unter dem Tisch Prospekte über China-Reisen versteckt und präsentieren sie zum Nachtisch. Zum Abschluss gibt es einen kurzen Film über das fernöstliche Land auf DVD oder eine Sendung, die Sie vorher im Fernsehen aufgenommen haben. Dann planen Sie Ihre gemeinsame Reise. Auch wenn es zunächst im Reich der Fantasie bleibt.

All das lässt sich natürlich entsprechend zu allen Reisezielen Ihrer Träume veranstalten.

DAS GROSSE WIEDERSEHEN-DINNER

Die Herzens-Überraschung: »Organisieren« Sie eine geliebte Person, die Ihr Partner schon lange nicht mehr gesehen hat. Zugegeben, die Vorbereitung für solch eine »Nummer« kann sehr, sehr aufwändig sein. Aber sie lohnt sich. Spätestens, wenn Sie die Freudentränen sehen.

Daher: Versuchen Sie zuvor vorsichtig herauszufinden, wen Ihr Partner vermisst und gern einmal wiedersehen würde. Dann klären Sie über Freunde und Verwandte Ihres Partners die Adresse ab und organisieren den Besuch. Vielleicht können Sie sich ja den Betrag für die Reise teilen.

DER MANN MIT DEN ROSEN

Das nächste Mal, wenn ein Blumenverkäufer zu Ihnen an den Tisch kommt, nutzen Sie diese Gelegenheit für eine »spontane« Liebeserklärung.

Hier ein paar Vorschläge:

- Sie kaufen eine Anzahl von Rosen, die symbolisch für einen Jahrestag oder Geburtstag steht.
- Sie kaufen ihm den kompletten Strauß ab. (Was sie nicht weiß, ist, dass Sie beim letzten Restaurantbesuch einen festen Preis ausgehandelt haben.)
- Sie vereinbaren mit dem Verkäufer, zu einer bestimmten Zeit im Restaurant zu erscheinen – mit dem romantischsten, duftigsten, geschmackvollsten Blumenstrauß der Welt. Von Ihnen persönlich mit viel Liebe und Zeit ausgesucht, zusammengestellt und längst bezahlt. Das geht natürlich nur, wenn der Rosenverkäufer regelmäßig in das Restaurant kommt.

KULINARISCHE THEMEN-ABENDE

Ob zu zweit oder im Freundeskreis: Veranstalten Sie einen Abend, an dem Sie gemeinsam kochen und essen. Und zwar immer zu einem vorgegebenen Thema. Hier ein paar Vorschläge:

- Die Farbe »Weiß«. Hierfür müssen alle (oder die meisten) Lebensmittel, die Sie an dem Abend verwenden, weiß sein. Zu trinken gibt es Cocktails oder Milch. Sie können natürlich auch eine andere Farbe wählen.
- Das »Rittermahl«. Servieren Sie Speisen, die typisch für das Mittelalter waren, dazu passende Kleidung, eine Ritterrüstung als Dekoration, mittelalterliche Musik ...
- »Jazz«. Es gibt ein Kochbuch mit kreolischen Spezialitäten*, die namhafte Jazz-Größen in New Orleans gern zubereitet und gegessen haben (Miles Davis, Coleman Hawkins, Charly Parker u.a.). Dazu läuft die Musik der Jazz-Künstler – von CD oder live, vielleicht kennen Sie ja jemanden, der gut Klavier spielt. (*Buchempfehlung: »Das Jazz-Kochbuch«, mit CD, von Bob Young & Al Stankus)

DAS ESSEN – EIN GEDICHT!

Bevor Sie in ein Restaurant gehen, schreiben Sie sich mit Bleistift oder Kuli ein Liebesgedicht, einen romantischen Liedertext oder ein Filmzitat auf die Innenseite Ihrer Hand. Sie können auch ein vorher präpariertes Post-it-Zettelchen auf die Handfläche kleben. Am besten ist natürlich noch immer Auswendiglernen! In einem passenden Moment rezitieren Sie dann den Text und schauen Ihrem Partner dabei lächelnd in die Augen. Sie können auch mit der Bedienung vereinbaren, dass sie mit dem Dessert ein von Ihnen auf schönes Papier handgeschriebenes Gedicht »serviert«.

SCHNEEBALL-DESSERT

Bringen Sie einen kleinen, selbst geformten und sauberen Schneeball aus frischem Schnee mit nach Hause, und bewahren Sie ihn im Kühlschrank auf. Servieren Sie ihn auf einem schönen Teller zusammen mit Früchten, Beeren und Karamellsirup!

EISZAPFEN FÜR DEN WHISKEY

Brechen Sie im Winter an einem sauberen Ort einen Eiszapfen ab, und bringen Sie Ihrem Partner das Eis für seinen Whiskey mit.

HERZ AUS EIS?

Lassen Sie von einer Spezialfirma eine Figur aus glasklarem Eis für Ihren Partner formen: ein Herz, eine Eisblume, eine Eistänzerin oder was immer Ihnen einfällt. Es gibt vielleicht Unternehmen oder Hotels in Ihrer Nähe, die so etwas für die Gastronomie anbieten. Eine solche Skulptur ist die ideale Tischdekoration für ein Büfett oder einen ganz besonderen »Feier-Abend«. Noch schöner wird's natürlich, wenn die Beleuchtung stimmt. Die Eisfigur sollte (mit farbigem Licht) angestrahlt werden, um ihre ganze Magie zu entfalten.

UND NOCH EIN GRIFF IN DIE VORRATSKAMMER DES LIEBESZAUBERERS

♥ Sie haben Ihrem Partner ein aufwändiges Abendessen gekocht und serviert? Dann bringen Sie ihm nach dem Dessert die Quittung! Statt in Euro rechnen Sie in Küssen: »Vorspeise: 2 Küsse, Gemischter Salat: 5 Küsse, Hauptgang: 10 Küsse auf dem Schoß, Dessert: 20 Küsse im Bett ... Trinkgeld nach Zufriedenheit, jedoch dringend empfohlen!«

♥ Bitten Sie Ihren Bäcker, einen Kuchen mit einer Liebeserklärung, einem Herz oder dem Namen Ihres/r Liebsten zu versehen.

♥ Baci – das ist Italienisch und bedeutet Küsse. Baci heißt auch das bekannteste italienische Schokoladenkonfekt mit einer Haselnuss drin. Tauschen Sie einen süßen Baci-Kuss! In jedem Baci steckt ein Zettelchen mit einem kleinen Spruch. Schmuggeln Sie eine ganz persönliche Botschaft in das Papierchen! Das Ganze geht natürlich auch mit einem Ferrero-Küsschen.

♥ Mieten Sie eine Privatyacht im Hafen für ein romantisches Dinner, auch wenn die Yacht an der Anlegestelle bleibt.

♥ Möchten Sie sich bei bei Ihrem Partner für etwas bedanken? Schenken Sie ihm ein Glas guten Honig mit der Aufschrift: »Das war total süß von dir, Honey!«

♥ Bringen Sie ab und zu eine leckere Frucht mit nach Hause. Eine Ananas, eine Melone oder reife Mangos. Schwelgen Sie im exotischen Früchtetraum.

♥ Geht Ihr Partner in seiner Mittagspause manchmal in ein nahe gelegenes Restaurant, eine Eisdiele oder ein Café? Dann geben Sie dort bei einer passenden Gelegenheit ein kleines Geschenk, einen lieben Brief oder sonst etwas Nettes für ihn ab! Wenn er Stammgast ist, wird man ihn kennen. Bitten Sie die Bedienung, ihn bei der nächsten Gelegenheit damit zu überraschen mit den Worten: »Von Ihrem größten Fan!«

- Lassen Sie ein Tablett mit einer silbernen Haube (einer »Cloche«) an den Tisch bringen. Machen Sie es so spannend wie möglich. Heben Sie die Haube mit dramatischer Geste an … Darunter befindet sich ein Brautpaar aus Marzipan, ein Glücksbringer (Schornsteinfeger), die Eintrittskarten für ein Fußballspiel oder ein Konzert, eine handgeschriebene Liebeserklärung oder ein Klavier aus Schokolade – je nachdem, was Sie Ihrem Partner mitteilen oder schenken wollen. Und dann genießen Sie gemeinsam die Nachspeise, die eigentlich unter der Haube hätte warten sollen.

- Füttern Sie sich liebevoll gegenseitig. Zum Beispiel mit einer Nachspeise.

- Das Spielchen kennen Sie doch: Sie sitzen sich beide beim Essen gegenüber, lenken den anderen für einen Moment ab und stibitzen ihm dann blitzschnell, während er wegschaut, etwas von seinem Teller. Machen Sie's doch mal umgekehrt und legen Ihrem Partner stattdessen etwas Leckeres auf auf den Teller! Ob er's merkt?

- Wie wär's mit einem Besteck oder gar Tellern mit Ihren beiden Namen? Lassen Sie das Gewünschte in einem Fachgeschäft gravieren. Dann überraschen Sie Ihren Partner zu Hause oder im Restaurant mit ganz persönlichen Messern, Löffeln und Gabeln!

- Legen Sie mit Buchstabennudeln liebe Worte auf den Tellerrand.

- Malen Sie mit dem Messer eine Botschaft auf die Butter in der Butterdose!

♥ Engagieren Sie zu einem idyllischen Essen im Freien eine Gruppe von Mariachis, einen Stehgeiger oder ein Jazz-Trio.

♥ Gehen Sie zu zweit zu einem Geburtstags-Frühstücksbüffet oder zum Brunch! Allerdings sind alle Gäste im Restaurant, die Sie dort antreffen, seine Freunde, Verwandten und Bekannten, die Sie natürlich lange vorher zu seinem Geburtstag in die Idee eingeweiht hatten. Das Restaurant ist für diesen Termin komplett gebucht.

♥ Lassen Sie einen Strauß roter Rosen an den Tisch bringen. Der Blumenbote kann die Bedienung sein, ein guter Freund oder ein Überraschungsgast.

♥ Basteln Sie eine ganz persönliche, originelle Speisekarte, oder erstellen Sie sie am PC. Geben Sie den Speisen, Gerichten und Gängen Namen mit Bezug auf gemeinsame Erfahrungen, Namen von Freunden, Familienangehörigen oder Orten, die Bedeutung für Sie beide haben. (Vorlagen für Speisenkarten finden Sie z. B. unter: http://carddesign.el4a.net, und Bilder, Zeichnungen und Symbole gibt es unter: www.fg-a.com unter »Food Clipart«)

Wenn Sie etwas mehr investieren wollen, verlegen Sie das besondere Dinner in Ihr Lieblingsrestaurant. Sprechen Sie mit dem Restaurantbesitzer ab, welche Speisen zu den jeweiligen Begriffen auf der Karte gehören. Wenn Sie gern gesehene Stammgäste sind, tut er Ihnen sicher diesen Gefallen.

Lassen Sie zwei dieser Karten dem Restaurant zukommen. Sobald Sie dann dort Platz genommen haben, wird die Karte ganz »normal« an Ihren Tisch gebracht.

♥ Sie rätseln noch, was heute auf dem Speiseplan stehen soll? Dann umarmen Sie sich zärtlich, lächeln Sie dabei, schauen sich innig in die Augen und flüstern, möglichst zeitgleich, das Zauberwort: »Kuss Kuss!« Das berühmte Nationalgericht aus Hartweizengrieß (original »Couscous«) der nordafrikanischen Länder wie Algerien, Marokko, dem Libanon und Tunesien ist ein exotischer Gruß aus dem märchenhaften Reich von »Tausendundeiner Nacht«. Ob als pikante Haupt- oder süße Nachspeise serviert: äußerst empfehlenswert!

Zahlreiche (und ganz unterschiedliche) Rezeptideen dazu finden Sie im Internet und in Kochbüchern. Oder besuchen Sie ein nordafrikanisches oder arabisches Restaurant.

- Eine romantische (zugegeben etwas kitschige, aber äußerst »süße«) Nachspeise: eine Rose aus Marzipan!

- Schenken Sie Ihrem Partner einen Restaurantführer mit Coupons, die man in verschiedenen Gaststätten in Ihrer Umgebung einlösen kann. Damit ist bei der Bestellung von zwei Menüs eines davon gratis.

  Solche Aktions-Abreißheftchen gibt's in vielen Buchhandlungen und an Kiosken. Schreiben Sie einen lieben Gruß hinein, mit der Bemerkung, dass Sie für kulinarische Ausflüge zur Verfügung stünden. (www.schlemmenundsparen.de)

- Setzen Sie sich im Restaurant nebeneinander statt gegenüber. So haben Sie beide den gleichen Ausblick, können Seite an Seite tuscheln, spüren die Wärme und das Parfüm des anderen und können sich zudem viel leichter küssen.

- Das völlig neue Kochrezept: Erfinden Sie gemeinsam ein neues Rezept. Die gemeinsame kreative Arbeit kann sehr viel Spaß machen. Für ein Menü zu zweit oder als Generalprobe für eine größere Einladung. Wenn es gelingt, überraschen Sie das nächste Mal Ihre Gäste damit!

- Lassen Sie eine Liebesbotschaft mit der Restaurantrechnung (durch die Bedienung) schicken!

♥ Servieren Sie als Entree zwei perfekt zubereitete Garnelen. Diese legen sie so auf einen kleinen schwarzen Teller, dass sie zusammen ein Herz formen.

Und wenn Sie jetzt Lust auf ein köstliches Dinner zu zweit bekommen haben – blättern Sie einfach nach hinten zum Anhang dieses Buches. Dort finden Sie das exklusiv für dieses Buch zusammengestellte Liebesmenü vom bekannten Gourmetpapst Gerd Käfer!

KAPITEL 6

LIEBESZAUBER IM TEAM

»Möglicherweise machen uns unsere Unvollkommenheiten perfekt füreinander.«

Aus dem Film EMMA

WAS LIEBESZAUBERER ZUSAMMEN TUN UND ERLEBEN KÖNNEN

- Haben Sie Ihre alten Liebesbriefe aufgehoben? Haben Sie Fotos von »damals«, als alles noch ganz neu war? Holen Sie die Briefe wieder aus der Kiste, und lesen Sie sich gegenseitig Ihre alten Liebesbotschaften vor. Lassen Sie die gemeinsamen Erinnerungen wieder lebendig werden!

- Schreiben Sie ein Erinnerungsbuch Ihrer einzigartigen Liebe. Kleben Sie die Zeugnisse Ihrer gemeinsamen Glücksmomente hinein (oder auch Kopien?? Man weiß ja nie ...). Die erste E-Mail, in der SIE IHM ihre Gefühle offenbarte. Das Foto, als die Liebe zum erstenmal aus den Augen blitzte. Der erste Brief, die besagte Kinokarte, die wunderbare SMS ... So ein Büchlein aufzuschlagen und durchzublättern – das ist Glück ...

- Machen Sie DAS Foto von Ihnen beiden! Beauftragen Sie eine Profi-Maskenbildnerin, lassen Sie sich beide (!!) perfekt schminken, und buchen Sie einen Termin bei einem Freund oder Fotografen. Verlangen Sie auf jeden Fall genug Zeit für die Session, denn man muss sich auch entspannen können – mit einer Flasche Prosecco geht das übrigens besonders gut. Das Ergebnis soll schließlich für lange Zeit auf Ihrer Kommode stehen!

  Oder fotografieren Sie sich gegenseitig. Lassen Sie das Lieblingsfoto von Ihrem Partner großformatig rahmen!

- Lernen Sie Gedichte gemeinsam auswendig.

- Für Musikalische: Singen Sie sich gegenseitig die Titelmelodie einer Fernsehserie oder eines Filmes vor. Der andere muss raten, wozu die Melodie gehört.

- Im Urlaub, am Strand, unterwegs, im Foyer eines Theaters, Flugzeug ... taufen Sie Fremde, die Sie nicht mit Namen kennen, mit einem Fantasie-Begriff ... »Da kommt wieder die Gräfin!«

- Fertigen Sie zusammen ein Fotoalbum mit den Bildern einer gemeinsam erlebten Reise an, kleben Sie Fahrkarten hinein und lassen Sie dabei die gemeinsam verbrachte Zeit Revue passieren.

- Tanzen Sie ausgelassen Walzer, am hellen Tag, in der Hotel-Rezeption, auf den breiten und belebten Straßen einer Großstadt wie Hamburg, Berlin, München, Paris oder New York. Sollte Sie jemand nach dem Grund fragen: Sie haben gerade geheiratet oder haben es vor, eine wichtige Prüfung bestanden, den Doktor gemacht, im Lotto gewonnen oder sonst etwas. Niemand muss den genauen Grund wissen, aber so mancher wird sich mit Ihnen freuen, Ihnen vielleicht etwas neidisch zur guten Laune gratulieren. Auch wenn es von Anfang an gar keinen anderen Grund gab, als dass Sie sich einfach nur sehr lieben.

- Lesen Sie anderen gemeinsam etwas vor – z. B. alten Menschen in einem Altersheim oder den Kleinen in einem Kindergarten. Das können Märchen sein, humorvolle Gedichte oder Kurzgeschichten (Kurt Tucholskys »Ein Ehepaar erzählt einen Witz«).

- Lernen Sie etwas, das Sie noch lange, selbst im hohen Alter, gemeinsam tun können. Hier ein paar Vorschläge:

    - Tanzen (z. B. Standard, Latin, Jazz-Tanz)
    - Musizieren (z. B. Klavier, Flöte, Gesang)
    - Spiele (Schach, andere Brettspiele und Kartenspiele – oder wie wäre es mit dem chinesischen Go, einem der ältesten Spiele der Welt)
    - Boule
    - Malen, Zeichnen

- Weinkunde
- Kochen
- Bildungsreisen
- Sport (Pingpong, Federball, Tennis, Walken, Laufen, Gymnastik, Tai-Chi, Yoga oder Golf)
- Vorlesen (Sprechtraining)
- Schauspielerei (es gibt viele Laientheater, in denen Sie gemeinsam auftreten können)
- Fotografieren, Videofilmen, Schneiden
- Gartenarbeit (Blumen- und Pflanzenkunde)
- Heimwerken und Basteln (z. B. Möbel entwerfen und bauen)
- Der Umgang mit dem Computer (Internet, Schreibprogramme, Spiele)
- Machen Sie den Bootsführerschein oder Segelschein

GEMEINSAM DIE STILLE GENIESSEN

»Es liegt im Stillesein eine wunderbare Macht der Klärung, der Reinigung, der Sammlung auf das Wesentliche.«

Dietrich Bonhoeffer

Wenn Sie sich körperlich ganz nah sind, bedarf es manchmal keines gesprochenen Wortes: Zusammen schweigen kann eine wundervolle, überaus harmonische Erfahrung sein. Eine leichte Berührung, die zarte Begegnung der Blicke, Finger und Hände, all das kann mehr sagen als tausend Worte.

Hier ein paar ideale Orte für eine stille »Andacht der Zärtlichkeit«:

- während einer Theateraufführung oder eines klassischen Konzertes (auch zu Hause, mit der CD oder DVD einer Aufführung)
- in der Sauna
- in einer leeren Kirche
- unter Wasser, z. B. beim Tauchen im Korallenriff
- im »Raum der Stille« (im nördlichen Torhaus des Brandenburger Tores, Berlin)
- in einer idyllischen Bucht
- auf einem gemeinsam erklommenen Berggipfel
- bei Sonnenaufgang oder -untergang
- beim Lesen auf dem Sofa

DER »ALLES-WIRD-GUT-TAG«

Nehmen Sie sich regelmäßig einen Tag vor, an dem es ausschließlich um Sie beide geht. Freuen Sie sich auf dieses ganz besondere Erlebnis, und versuchen Sie etwas gemeinsam zu unternehmen, das Sie in gute Laune versetzt, bei dem Sie sich aussprechen können oder endlich mal zur Ruhe kommen.

- Nehmen Sie sich beide den ganzen Tag frei.
- Schalten Sie die Telefone ab, nachdem Sie alle wichtigen Personen vorher darüber informiert haben. Sie sind heute für niemanden zu erreichen! Ihr Luxus, vierundzwanzig Stunden lang.
- Legen Sie Ihre Lieblingsmusik auf!
- Bleiben Sie einen Tag lang im Bett, oder schlafen Sie zumindest richtig aus.
- Unternehmen Sie einen Kurztrip oder eine Städtereise.

- Schenken Sie ihr/ihm etwas Wertvolles. Vielleicht sogar ein Schmuckstück oder was auch immer.
- Sagen Sie sich liebevoll, aber ehrlich alles Wichtige, äußern Sie Wünsche und Anliegen! Am Tisch, im Bett, in der Geisterbahn, im Dunkelrestaurant, Kino oder Auto. Hören Sie Ihrem Partner aufmerksam zu. Unstimmigkeiten klären Sie am besten im Voraus, es soll ja kein Tag des Streites werden.
- Gönnen Sie sich ein gemeinsames Schaumbad oder einen Tag im schönsten Thermalbad der Region, und das zu einer Zeit, in der andere arbeiten.
- Spielen Sie Spiele wie Kinder.
- Räumen Sie gemeinsam auf, putzen Sie gemeinsam, renovieren Sie Ihre (gemeinsame?) Wohnung, gehen Sie in ein Einrichtungshaus und planen Sie den Kauf neuer Möbel. Aber nur, wenn Sie beide dabei entspannen können!
- Suchen Sie im Gespräch bewusst nach Gemeinsamkeiten und Unterschieden, und akzeptieren Sie beide gleichermaßen.
- Bereiten Sie gemeinsam ein schönes, aufwändiges Essen vor, als ob Sie Besuch erwarteten. Vielleicht gönnen Sie sich einen »Koch«, einen Freund, der gut kochen kann, oder gar einen Profi. Das ist oft gar nicht so teuer, wie Sie vielleicht denken mögen. Dieser Tag ist es wert!
- Gestalten Sie Ihre Wohnung so festlich wie möglich (Licht, Dekoration, vielleicht ein paar Lampions ...), und kleiden Sie sich wie zum Empfang bei der Königin von England (Smoking für IHN, das teuerste Abendkleid mit passendem Schmuck für SIE).
- Gehen Sie am Abend dieses Tages – festlich gekleidet – in ein Konzert, eine Theateraufführung, ins edelste Restaurant, das Sie sich leisten können, und freuen Sie sich die ganze Woche, den ganzen Tag darauf!

Kapitel 6

WIE GUT KENNEN SIE SICH WIRKLICH?

Wissen Sie um die Vorlieben Ihres Partners? Und wo liegen Ihre Gemeinsamkeiten? Gehen Sie einmal die Liste durch!

- Autos
- Blumen
- Speisen und Getränke (mit Alkohol und ohne)
- Brotsorten
- Kaffee- oder Teesorten
- Farben
- Fernsehsendungen (welches Genre? Show, Krimi, Comedy, Ratesendungen usw.)
- Filme
- Bücher
- Zeitungen, Zeitschriften
- Kunst
- Mode
- Freizeitgestaltung
- Hobbys
- Humor (welche Komiker oder Filme mag Ihr Partner, über was kann er lachen?)
- Inneneinrichtung und Accessoires
- Länder und Landschaften
- Materialien und Stoffe
- Musikalität
- Musikgeschmack (Künstler, Stilrichtungen, Songs, Werke)
- Parfüms und Düfte (Blumen, Gewürze, Kräuter ...)
- Restaurants
- Sammlerleidenschaften
- Schmuck
- Sport
- Statussymbole
- Tag- oder Nachtmensch
- Technik (Computer, Medien ...)
- Theater (Oper, Schauspiel, Operette, Konzert, Ballett, Musicals, Jazz ...)

WAS MAG IHR PARTNER ÜBERHAUPT NICHT?

Es gibt Paare, die sich erst im hohen Alter gegenseitig offenbaren, dass sie z. B. bestimmte Berührungen, Zungenküsse oder andere »selbstverständliche« Dinge und Gesten nie wirklich mochten und diese nur akzeptierten, weil sie ihrem Partner einen Gefallen tun wollten. Und dann kommt vielleicht obendrein noch heraus, dass dieser selbst das alles auch nie wirklich mochte. Deshalb seien Sie immer Sie selbst, und sagen Sie gleich, wenn Sie etwas stört.

Versuchen Sie auch herauszufinden, was Ihr Partner wirklich nicht mag. Eine bestimmte Käsesorte, Worte oder Kosenamen, die Stimme eines Künstlers, eine Stadt, einen Song, einen Filmschauspieler, ein Spiel, eine Angewohnheit, einen Schriftsteller oder eine Fernsehsendung.

Vielleicht gelingt es Ihnen ja mit der Zeit, Ihren Partner durch ein angenehmes, persönliches Erlebnis, eine nette Überraschung oder sonstige Überzeugungskünste umzustimmen. Wenn nicht, dann ist es eben so. Das müssen Sie einfach respektieren.

Wenn Ihnen jedoch bestimmte Dinge wichtig sind, die Ihrem Partner nicht so viel bedeuten, dann gehen Sie z. B. auch mal allein oder mit Freunden in ein Konzert und freuen sich auf das Wiedersehen danach.

DAS RICHTIGE MASS?

- Wüssten Sie die passende Größe für jedes Dessous-Teil oder für den Bikini Ihrer Partnerin?
- Kennen Sie die Konfektionsgröße Ihres Partners? Wissen Sie seine Anzug- und Hemdkragen-Größe?
- Könnten sie Ihrem Partner einen passenden Hut oder Schuhe kaufen?
- Welche Ringfingergröße hat Ihr Partner?

DIE MARKEN UND STILRICHTUNGEN

Ob Kleidung, Parfüm oder Nahrungsmittel – finden Sie heraus, was Ihr Partner bevorzugt! Sie können diese Dinge auch zusammen ergründen, zum Beispiel bei einem Bummel durch die Kaufhäuser. Mit einem kleinen Schreibblock und Stift bewaffnet. Mit einem Augenbrauenstift können Sie die Namen verschiedener

Parfüms auch direkt auf die besprühten Hautpartien schreiben, um die Düfte hinterher unterscheiden zu können.

DIE WUNSCHLISTE

Stellen Sie eine persönliche Wunschliste zusammen. Am besten dort, wo Sie die Liste auch immer wiederfinden: in Ihrem Kalender. In dieser Liste sollten folgende Themen nicht fehlen:

- ausgefallene Unternehmungen (Nachtwanderung, eine spontane Reise, Bungee-Jumping oder Fallschirmspringen)
- Filme (aktuelle und solche, die Sie immer schon mal sehen wollten, ob im Kino oder auf DVD zu Hause)
- Freizeitaktivitäten (Wandern, Laufen, Schwimmen, Segeln, Federball ...)
- Freunde, Bekannte, die Sie endlich wiedersehen möchten
- Gesundheit (medizinische Check-ups, gesundes Essen, Bewegung, Vorsorgeuntersuchungen, eine gemeinsame Kur, gemeinsames Ausdauertraining)
- Hobbys
- Kulinarisches (Restaurants, Bars, Erlebnisgastronomie, ausländische Küche)
- Musik (eine CD, ein Konzert, ein Event)
- »Nightlife« (Disco, Tanzen, eine Veranstaltung)
- Reiseziele
- Speisen und Getränke (Spezialitäten, vielleicht sogar in Verbindung mit einem Ausflug oder einer Reise)
- Theaterstücke, die gerade auf dem Programm stehen (oder Oper, Ballett, Musicals, klassische Konzerte, Lesungen, Kleinkunst, Kabarett, Komödien)

DIE 10 DINGE

Machen Sie sich vor allem auch eine Liste mit zehn Dingen, die Ihr Partner sich (vielleicht schon sehr lange) wünscht. Am besten gleich hinten in diesem Buch, dort finden Sie Raum für Ihre Notizen.

KAPITEL 7

LIEBESZAUBER IN WORTEN

»Das Gehirn sieht das, was das Herz ihm sagt.«

Aus dem Film SCHWER VERLIEBT

KAPITEL 7

»ICH LIEBE DICH!« EINMAL ANDERS GESAGT

Liebe heißt, sich auch ohne Worte zu verstehen ... Ein romantischer Gedanke, der viele beseelt, der aber auch für jede Menge Ärger sorgen kann. Denn um sich mit dem Partner hin und wieder auch ohne Worte einig zu sein, muss auch der beste Liebeszauberer stets die geistigen Fühler ausgestreckt halten und in Worte fassen, was ihn bewegt. Kaum etwas wirkt so störend auf Beziehungen wie ein Mangel an Kommunikation – und dies gilt für jede Art von Beziehung, sei es zwischen zwei Menschen, Nationen oder auch zwischen Mensch und Tier. Der wahre Liebeszauberer ist also auch Künstler der Worte, geschrieben oder gesprochen, er beherrscht nicht nur die Sprache des Alltags, er ist ein Meister darin, dem geliebten Menschen auf jede erdenkliche Weise seine Liebe und seine Seelenverfassung zu zeigen.

SO SAGT DIE WELT »ICH LIEBE DICH«

I love you	Englisch	*S'agapo*	Griechisch
Te amo oder te adoro	Spanisch	*Jag alskar dig*	Schwedisch
Te quiero	Mexikanisch	*Wo ái ni*	Chinesisch
Ti amo	Italienisch	*Ai shite imasu*	Japanisch
Je t'aime	Französisch	*Ya lyublyu tyebya*	Russisch

Im Anhang dieses Buches finden Sie den Satz der Sätze außerdem noch in vielen anderen Sprachen.

Lassen Sie sich »Ich liebe dich« in möglichst vielen exotischen und romantischen Sprachen beibringen (nutzen Sie die Gelegenheit, sooft Sie mit Menschen aus anderen Ländern sprechen). So kann man den Satz der Sätze in immer neuem Gewand hervorzaubern.

SO KÖNNEN SIE ES AUCH SAGEN

MIT EINEM PUZZLE: Schreiben Sie ihr/ihm einen Zettel, ein Gedicht oder einen Brief, und zerschneiden Sie das Papier anschließend in Puzzle-Stücke. Dann schicken Sie ihrem Partner das Puzzle per Post. Entweder alles auf einmal oder jeden Tag ein Teil ...

PER SCHECK: Schreiben Sie einen Original-Scheck über eine Million Küsse aus.

MIT EINEM KLASSISCHEN LIEBESBRIEF: Schreiben Sie einen emotionalen Liebesbrief mit Füllhalter auf hochwertigem Papier.

AUF DEN RÜCKEN GESCHRIEBEN: Schreiben Sie (z. B. im Bett) mit dem Finger Worte oder Wünsche (einzeln und in deutlich ausgeführten Großbuchstaben) auf ihren/seinen (nackten) Rücken. Lassen Sie Ihren Partner raten, was Sie auf diese Weise sagen wollen. Ein Tipp: Nach jedem vollendeten Buchstaben »wischen« Sie diesen mit der flachen Hand sanft vom Rücken Ihres Partners, soll heißen: nächster Buchstabe!

PER ZEITUNG:

- Schneiden Sie lustige, zweideutige oder ungewöhnliche Überschriften aus der Zeitung aus, die sich auf Ihre Beziehung übertragen lassen, eine besondere Bedeutung für Sie beide haben. Stecken Sie alle in einen Umschlag, und schicken Sie diesen an Ihre/n Liebste/n. Die Schlagzeilen könnten zum Beispiel so aussehen:
  - »Was ist das Geheimnis einer guten Ehe? Guter Sex!«
  - »Schaffen wir das?«
  - »Sex nach der Hochzeit?«
  - »Kleine Geschenke erhalten die Freundschaft.«

- Sammeln Sie alle bedeutenden Zeitungen, die an seinem Geburtstag erschienen sind! Vielleicht bekommen Sie sogar eine Originalausgabe einer bekannten deutschen oder internationalen Zeitung vom Tag ihrer oder seiner Geburt? Es gibt von allen erdenklichen Tageszeitungen, Illustrierten und sonstigen Publikationen Exemplare von 1900 bis heute. Es kostet nicht viel und ist ein originelles Geschenk.

  Wenn Sie nirgendwo ein Original erstehen können, gehen Sie zum Archiv Ihrer städtischen Tageszeitung. Lassen Sie sich eine Kopie der betreffenden Ausgabe anfertigen. Eventuell gab es auch (ein paar Tage später) eine Geburtsanzeige von ihr/ihm.

- Fertigen Sie mit dem Computer die Titelseite einer Fantasie-Zeitung mit einer originellen Überschrift an, und fügen Sie ein Foto Ihres Partners ein.

- Geben Sie eine Anzeige in der Lokalzeitung auf! Teilen Sie Ihrem Schatz auf diese Weise mit, warum er/sie so besonders ist. Sie könnten den Text auch zusätzlich verschlüsseln, indem Sie Ihre eigene »Pärchen-Geheimsprache« benutzen. Das ist eine großartige Gelegenheit, sich in kreativen Überraschungen zu üben und seine Gefühle in wenigen Worten auszudrücken.

  Ein Tipp für einen einfachen Verschlüsselungscode: Die Anfangsbuchstaben der Zeilen bilden senkrecht gelesen die Botschaft.

  Wenn die Anzeige erscheint, legen Sie die Zeitung auf den Küchentisch, bevor Sie das Haus verlassen. Die Anzeige markieren Sie am besten mit einem Marker. Oder Sie rufen Ihren Partner im Büro an und weisen ihn auf die Anzeige hin.

SO SAGEN SIE ES IHREM PARTNER – IN ANWESENHEIT ANDERER!

- Manchmal reicht ein Blick oder eine kleine Geste. Halten Sie die Hand Ihres Partners. Berühren Sie seine Schulter. Haken Sie sich gegenseitig ein. Zwinkern Sie ihm lächelnd zu. Machen Sie ihm ein leises Kompliment! Tun Sie all dies auch, wenn Sie allein sind, ganz ohne Publikum.

- Wann haben Sie das letzte Mal jemandem erzählt, wie glücklich Sie sind, solch einen wunderbaren Partner an Ihrer Seite zu wissen?

- Hängen Sie ein großes, selbst gemaltes Plakat aus dem Fenster, bevor Ihr Partner das Haus verlässt oder bevor er wiederkommt, mit den Worten »Ich liebe dich!«, »Herzlich willkommen daheim!«, »Herzlichen Glückwunsch zum Geburtstag!« oder »Gratuliere!«.

- Lassen Sie einen Künstler, einen guten Zeichner oder einen Karikaturisten ein Bild von Ihrem Partner malen. Als Vorlage verwenden Sie ein Foto.

- Schreiben und basteln Sie ein kleines Büchlein mit allem, was Sie an Ihrem Partner gut finden! Mit Zeichnungen, Fotos, Bildern, Gedichten, Restaurant-Quittungen, persönlichen Notizen …

- Liebe ist ... nach den Sternen zu greifen. So lautet eine der Überschriften der Cartoonserie, die seit vielen Jahren täglich in der Bildzeitung erscheint. Es gibt sie als kompletten Band zu kaufen. (»Liebe ist ... nach den Sternen zu greifen« von Kim Casali) Ein kleiner Tipp: sammeln, ausschneiden und – wenn das Thema passt – auf den Badezimmerspiegel kleben.

- Schicken Sie Ihrem Partner eine Liebeserklärung per (Schmuck-)Telegramm, Einschreiben, mit UPS, FEDEX oder DHL mit höchster Dringlichkeit. Das ist er Ihnen wert!

- Spielen Sie für sie oder ihn ein Lied auf der Gitarre oder dem Klavier, auch oder vor allem, wenn Sie eigentlich gar kein Instrument spielen und vielleicht sogar völlig unmusikalisch sind. Mit etwas Übung und logischem Verständnis plus Klavierlehrer klappt das schon. Es kann auch ein einfacheres Instrument sein. Eine Triangel, eine Mundorgel, eine Mundharmonika. Oder Sie »blasen auf dem Kamm«: einen Streifen Pergamentpapier vor den Kamm halten, diesen an den Mund pressen und eine Melodie summen. Entscheidend ist nicht die Qualität Ihres Spiels, sondern der Spaß und die Überraschung, dass Sie es überhaupt wagen.

- Gibt es etwas Bemerkenswertes, das bisher nur Ihnen an Ihrem Partner aufgefallen ist? Vielleicht, dass er leicht rot wird oder Lachfalten hat. Machen Sie eine liebe Bemerkung dazu. Geben Sie ihr/ihm das Gefühl, etwas Besonderes zu sein.

- Sind Sie eingefleischter Fußballfan und verbringen viel Zeit beim Training oder im Stadion? Muss sie oft am Wochenende auf Sie warten? Dann schenken Sie ihr einen Fußball, auf den Sie mit dickem Filzstift schreiben: Nur dich liebe ich mehr!

- Gibt es irgendein kurioses Geheimnis, das Sie noch niemandem in Ihrem Leben erzählt haben? Dann weihen Sie Ihren Partner als Einzigen ein. Eine große Geste des Vertrauens!

- Der Beipackzettel: Jedes Medikament braucht einen Beipackzettel mit Angaben über Inhalts- und Wirkstoffe, mögliche Nebenwirkungen, Gegenanzeigen und so einiges mehr.

  Verfassen Sie einen Beipackzettel zu Ihrer eigenen Person! Zur Vorlage nehmen Sie einen echten Beipackzettel aus einer Medikamentenpackung und formulieren mit Ihrem Textverarbeitungsprogramm eine ganz ähnliche Auflistung: »Allgemeine Beschreibung: Simone ist gut verträglich und wirkt wahre Wunder, wenn zur rechten Zeit am rechten Fleck. Gut fürs Herz und die Seele. Wirkt beruhigend und entspannend. Verbesserung des Gesamtzustandes. Darreichungsform: je nach Verfassung dreimal am Tag küssen.

Gegenanzeigen: Lautes Schmatzen und Schnarchen kann zu schweren Irritationen führen und Wutausbrüche auslösen. Folge: Ohrenschmerzen durch lautstarken Protest in der Nacht. Nebenwirkungen: chronische Unordnung, Gefühlsschwankungen, Zahnpastatuben liegen offen herum, Lachausbrüche. Bei Fragen rufen Sie bitte an unter ... Zu Risiken und Nebenwirkungen fragen Sie bitte ihren Exfreund!«

KREATIVE BOTSCHAFTEN

Natürlich ist das gesprochene Wort durch nichts zu ersetzen, und es gibt manches, das Sie nur persönlich sagen können.

Doch ab und zu können auch Buchstaben auf ganz eigene Weise zu Wort kommen:

- Schreiben Sie etwas Liebes mit Buchstabennudeln auf den Tellerrand.
- Ein kleines Schildchen mit leuchtender Laufschrift wirkt besonders gut im Dunkeln oder an lauten Orten. Zum Beispiel in einem Dance Club. Es gibt sie für ungefähr dreißig Euro beim Elektronik-Großhandel im Internet. Sie geben ganze Sätze oder einzelne Wörter auf Ihrem PC ein, übertragen den Text auf das Schildchen und bringen es an Ihrer Kleidung an. Auch eine gute Möglichkeit, eine Liebes- oder gar Heiratserklärung zu machen. Einfach im richtigen Moment einschalten.
- Lassen Sie von Ihrem Konditor ein Schildchen aus

Marzipan fertigen. Bitten Sie ihn, Ihren Wunschtext »darauf zu drucken«. Es muss ja nicht immer nur »Herzlichen Glückwunsch zum Geburtstag« sein. Vielleicht auch: »Ich möchte dir den Tag versüßen!« Legen Sie das süße Schildchen auf den Frühstücksteller Ihres Partners.

- Wer sagt denn, dass auf einem Nummernschild nur Autonummern stehen müssen? Auf Wunsch bedruckt man Ihnen das Blech auch gern mit Namen, Herzen oder einer ganz persönlichen Botschaft. Platzieren Sie das Schild hinter die Heck- oder Frontscheibe des Autos, achten Sie aber bitte darauf, dass es die Sicht nicht behindert!
- Was haben Cappuccino und Latte macchiato gemeinsam? Na klar – das Schaumhäubchen! Besorgen Sie sich Cappuccino-Schablonen, um etwas mit Schokopulver darauf zu schreiben. Ob Schriften oder Symbole (Herz-Schablonen gibt es überall), es ist auf jeden Fall eine liebe Geste!
- Lassen Sie ein Lebkuchenherz mit persönlicher Widmung anfertigen!

DIE GEHEIMSPRACHEN DER LIEBESZAUBERER

ICH WEISS, WAS ES BEDEUTEN SOLL

Schenken Sie Ihrem Partner etwas mit doppelter Bedeutung und versehen es mit einem kleinen Spruch:

Pilz .... *Ich bin ein Glückspilz!*
Uhr ohne Zeiger .... *Du bist zeitlos für mich.*
Spiegel .... *Spieglein, Spieglein an der Wand, du bist die Schönste im ganzen Land!*
»Russischbrot« (Gebäck in Buchstabenform) oder Buchstabennudeln .... *Hab dich zum Fressen gern!*
Sternchennudeln .... *Ich hol dir die Sterne vom Himmel!*
Lottoschein .... *Du bist wie sechs Richtige für mich.*
Taschenlampe .... *Finde dich auch im Dunkeln gut!*
Sand .... *Lass uns bitte nicht auf Sand bauen!*
Watte .... *Ich möchte endlich wieder mit dir kuscheln!*
Lichtschalter .... *Du machst mich an!*
Federn .... *Lust auf ein gemeinsames Nest?*
Schokolade .... *Für mich hast du nur Schokoladenseiten!*
Baci (original italienisches Konfekt mit Haselnuss und einem romantischen Spruch .... *Ich mag deine Küsse noch viel lieber.*
Bounty-Riegel .... *In zwei Wochen fliegen wir in die Karibik!*
Milky-Way-Riegel .... *Mit dir düse ich bis zur Milchstraße!*
LEGO-Steine oder Bausteine .... *Lass uns ein Haus bauen!*
Nägel .... *Mit dir würd ich gern Nägel mit Köpfen machen.*
Pantoffeln .... *Lass mich dein Held sein!*

GEHEIME ZEICHENSPRACHEN

- Wollen Sie Ihrem Partner auf unauffällige Art (zum Beispiel im Beisein anderer) etwas mitteilen, dann machen Sie vorher Zeichen aus. Sie streichen sich durchs Haar oder tippen mit dem Finger an Ihre Nase oder ans Ohrläppchen.

- Denken Sie sich eine kurze, persönliche »Erkennungsmelodie« aus, die Sie bei Bedarf zärtlich pfeifen oder summen. Damit identifizieren Sie sich hinter einer verschlossenen Tür, ohne klopfen zu müssen. Oder Sie vereinbaren ein ganz persönliches Klopfzeichen.

- Eine Fremdsprache, die Sie beide beherrschen, kann auch Wunder wirken. Vorher aber testen! Es gibt meist jemanden in Ihrer Nähe, der auch Russisch oder Spanisch kann!

- Wenn Sie nicht offensichtlich in eine Richtung deuten wollen, um Ihrem Partner etwas zu zeigen, nehmen Sie einfach das bewährte Zifferblatt-System einer Uhr: Zwölf Uhr aus der Blickrichtung des Sprechenden heißt: von ihm aus geradeaus. Sechs Uhr wäre hinter ihm.

- Vielleicht hat Ihr Partner eine Marotte, die er sich gerne abgewöhnen möchte. Dann vereinbaren Sie ein geheimes Zeichen, um ihn daran zu erinnern, dass er sie abstellen möchte (z. B. Finger an die Wange). So können Sie in der Öffentlichkeit darauf hinweisen, ohne den anderen in Verlegenheit zu bringen.

- Lernen Sie beide die Gebärdensprache! Dann können Sie sich auch dort »geheim« unterhalten, wo viel Lärm ist oder wo nicht geredet werden darf (in einer Bibliothek, im Unterricht), aber auch über größere Entfernungen. Es ist eine wunderbare und ausdrucksvolle Sprache, die zudem noch kostbare Brücken der Kommunikation zwischen Hörenden und Gehörlosen spannt.

IDEEN FÜR UNGEWÖHNLICHE LIEBESERKLÄRUNGEN UND HEIRATSANTRÄGE:

- ein selbst gebasteltes Puzzle
- ein gigantisches Banner (z. B. ein Betttuch), das Sie bemalt, beschriftet aus dem Fenster hängen
- im Sessellift in den Bergen an der höchsten Stelle
- als Strafzettel getarnt am Auto
- in den Schnee oder am Meeresstrand in den Sand geschrieben
- in die Staubschicht auf dem Auto oder einer anderen glatten Oberfläche mit dem Finger geschrieben
- auf einem Teller mit gelegten Buchstabennudeln oder Keksen aus mehreren »Russischbrot«-Packungen (oder selbst gebackene Buchstabenplätzchen)
- in einem selbst entworfenen Kreuzworträtsel (»Die Anfangsbuchstaben von oben nach unten gelesen ergeben ein Wort, das meinen schönsten Wunsch ausdrückt!«)
- auf einer eigens erstellten Webseite; Hinweis kommt per Handy oder E-Mail
- als Stickerei in einem Taschentuch
- auf den Spiegel geschrieben (entweder wenn dieser durch Wasserdampf beschlagen ist oder mit einem abwaschbaren Filzstift)
- als Endlosband auf einer Videokassette (auf der Hülle ist ein romantischer Liebesfilm angekündigt ...)
- ein Gruß in einer Radio-Wunschsendung, zusammen mit einem Wunschlied. Ein Klassiker, aber immer wieder wunderbar wirksam
- auf einem Fahnenbanner, das ein kleines Flugzeug hinter sich herzieht, z. B. im Urlaub am Strand (ist nicht ganz billig, aber einmalig)

- in Form einer bewegten Leuchtschrift auf einem elektronischen Namensschildchen (erhältlich beim Elektronik-Fachhandel oder im Internet)
- als Kondensstreifen, den ein Flugzeug an den blauen, windstillen Sommerhimmel malt. Es gibt Spezialfirmen, die so etwas machen. Sehr wirkungsvoll: ein Herz und (falls er kurz genug ist) den Namen dazu!
- im Hubschrauber, z. B. beim Nachtflug über Manhattan, New York
- auf einem Zettelchen in einem chinesischen Glückskeks
- als Werbeplakat auf einer Litfaßsäule oder einer Plakatwand
- ein Hochzeitsantrags-Telegramm
- mit brennenden Teelichtern »Willst du mich heiraten?« in einem großen Zimmer auslegen oder, wenn möglich, auf einen Hof oder einer freien Fläche, auf den/die Sie hinuntersehen können
- den Antrag auf ein Hausdach schreiben und dann mit ihr zusammen einen Helikopter-Flug unternehmen
- in einer Achter- oder Geisterbahn
- unter Wasser beim Tauchen oder Schnorcheln mit Handzeichen
- selbst gesungen in einer Bar, musikalisch begleitet durch einen Pianisten des Hauses oder eigens für diesen Anlass engagiert. Bereiten Sie den Auftritt nach Möglichkeit mit dem Restaurant und dem Musiker vor – umso schöner wird's!
- mit hundert mit Helium gefüllten, bunten Luftballons im Wohnzimmer
- mit Kreide vor der Haustüre auf der Straße
- auf der Besucherplattform des Empire State Buildings
- während einer wunderschönen Arie in einer Oper, ins Ohr geflüstert
- genau in dem Moment, in dem Ihr Urlaubsflieger am

Traumziel angekommen ist und das Fahrwerk des Flugzeugs den Boden berührt

- mit einem »Schlüssel zum Herzen«, eingebacken im selbst gemachten Kuchen
- unter einer Servier-Silberglocke, der so genannten »Cloche«, oder auf einem Silbertablett im Restaurant als Dessert
- mit fluoreszierenden Klebesternchen, die Sie so an der Schlafzimmerdecke befestigen, dass man die Botschaft vom Bett aus gut lesen kann (nicht vergessen, vorher für viel Licht im Zimmer zu sorgen, damit die Leuchtbuchstaben später ihre Wirkung im Dunkeln voll entfalten können)
- Schicken Sie einen (mit Helium gefüllten) Ballon per Post. Beim Öffnen des Päckchens schwebt er zur Decke. Gibt's u. a. auch in Herzform (www.ballon4you.de).
- Sagen Sie es mit Poesie! Z.B. mit einer Hörbuch-CD, auf der Prominente (zugunsten namhafter Hilfsorganisationen) zauberhafte Liebesgedichte oder Märchen lesen (»Aus vollem Herzen« oder »MärchenWelten«, erschienen bei ZDF/Hörverlag).
- Spenden Sie einen Betrag an Notleidende oder nehmen Sie an einem Gewinnspiel/Preisausschreiben teil. Natürlich im Namen Ihres Partners.

Kapitel 7

ZEHN MAGISCHE WORTE

Die Welt der Magie wagen wir viel zu selten zu betreten. Ob raffinierte Kleinkunst oder die spektakulären Mega-Events eines David Copperfield: Jeder Zauberkünstler, der etwas auf sich hält, hat seine eigenen, unverwechselbaren und raffinierten Techniken, Requisiten oder Zauberworte.

Hier sind ein paar magische Elemente davon, speziell für den »Liebeszauberer«:

EHRLICHKEIT

Der Zauber funktioniert nur dann, wenn alles, was Sie tun, aus vollem Herzen kommt. Halbherzigkeit oder »ein bisschen lieben« haben hier nichts zu suchen. »Ganz oder gar nicht« ist die Devise. Wenn Sie Ihrem Partner nur einen Gefallen tun wollen oder eine Idee nur aus schlechtem Gewissen verwirklichen – dann lassen Sie es! Echte Liebeszauberer kennen nur 100 Prozent.

AUFMERKSAMKEIT

Seien Sie sensibel für Wünsche, Gefühle, Stimmungen und Träume. Für Ihre eigenen und die Ihres Partners. Manchmal ist es eben einfach nicht der richtige Zeitpunkt für noch so gut Gemeintes. Selbst die besten Absichten können durch schlechtes Timing verpuffen.

PÜNKTLICHKEIT

Lassen Sie niemanden warten. Erst recht nicht Ihren Partner.

HUMOR

Ob Augenzwinkern oder Lachfalten, gute Laune wirkt ansteckend. Der Kabarettist Werner Finck sagte einmal: »Wer lachen kann, wo er hätte heulen können, bekommt wieder Lust zum Leben.«

GROSSZÜGIGKEIT

Zugegeben, so manche Idee in diesem Buch kostet Sie etwas. Ob Zeit, Geld oder Geduld. Zu all dem brauchen Sie ein großes Herz.

KREATIVITÄT

Lebens- und Liebeskünstler brauchen schöpferische Kraft. Packen Sie die Dinge beim Schopf, und machen Sie aus Gewohntem Neues. Beispiele dafür finden Sie hier genügend. Aber Achtung, schon Karl Valentin, der berühmte Münchner Komödiant, wusste: »Kunst macht Spaß, aber auch viel Arbeit!«

MUT UND OPTIMISMUS

Schaffen Sie es, sich für eine schöne Idee tatsächlich zu überwinden? Eine Tortenschlacht im Kino sieht so leicht aus. Aber wann wagen SIE es? Ein Tipp: Für den Anfang tut's auch Sprühsahne.

GEDULD

»Probier's mal mit Gemütlichkeit ...« Legen Sie den Song aus dem »Dschungelbuch« von Disney in den CD-Player. Damit ist alles Wesentliche gesagt.

GESUNDHEIT

Es gibt so viele schöne Möglichkeiten, gesund zu leben. Wenn man sich erst einmal zu regelmäßiger Bewegung und guter Ernährung überwunden hat, ist man meist überrascht, wie gut es sich anfühlt. Und schließlich muss man ja auf die kleinen »Sünden« und herrlich faulen Tage im Bett nicht verzichten.

SPIELFREUDE

Was unterscheidet Kinder von Erwachsenen? Sie haben noch das, was wir uns wieder aneignen sollten: Neugier, die Lust am Spielen, am Ausprobieren, am Albernsein. Kinder wollen alles genau wissen, fragen nicht, ob es sich lohnt, sie sind natürlich und ehrlich. Wir können viel von ihnen lernen.

KAPITEL 8

LIEBESZAUBER SPIELERISCH

»Tun Sie mir einen Gefallen, und werden Sie nicht noch erwachsener!«

Aus dem Film JAMES BOND: IN TÖDLICHER MISSION

ZAUBERHAFTES LÄCHELN

Ein chinesisches Sprichwort sagt: »Wer nicht lächeln kann, soll kein Geschäft eröffnen.« – »... und keine Beziehung anfangen!«, sollte man dem noch hinzufügen.

Denn was wären Liebe und Verliebtheit ohne den Zauber des Lächelns? Nichts kann so einfach und zugleich beglückend sein, als den geliebten Menschen lächeln zu sehen, nichts spannt so schnell Brücken zwischen Menschen wie diese kleine mimische Geste des Vertrauens und der Freude.

DIE HOHE KUNST DER KOMÖDIE

Humor und Lachen sind wie Magie. In Umberto Ecos Buch »Der Name der Rose« fürchtet der blinde alte Mönch die befreiende Macht des Lachens so sehr, dass er alle vergiftet, die versuchen, Aristoteles' Abhandlungen über die Komödie zu lesen. Denn Menschen mit Humor sind meist auch Menschen mit einem wachen und kritischen Geist.

Jemanden zum Lachen zu bringen ist wohl die höchste Kunst. Denn es gibt kein Rezept dafür, nur ein scharfes Auge für die Absurditäten des Lebens und den richtigen Moment. Es wäre sinnlos, hier Anleitungen zu geben, denn Humor ist eine Lebenseinstellung. Haben Sie diese Haltung zu der Ihren gemacht, dann fliegen Ihnen die richtigen und witzigsten Bonmots ohne jede Anstrengung zu.

Trauen Sie sich hin und wieder, albern zu sein, seriös und erwachsen sind wir oft genug. Das schönste Lächeln und Lachen ist das von Kindern, die sich ohne Scham hemmungslos freuen können.

SPIELE FÜR DEN LIEBESZAUBERER

TRÄUME IM SPIELWARENLADEN

Gehen Sie gemeinsam in einen Spielwarenladen, und trennen Sie sich für eine halbe oder ganze Stunde. Jeder soll Spielzeug in seinen Einkaufskorb legen, das symbolisch für etwas steht, wovon Sie beide träumen oder das Sie beide in naher oder ferner Zukunft vorhaben. Zum Beispiel ein Modellauto, ein Spielzeughaus, einen Koalabären aus Stoff (Australienreise), eine Puppe (aber nur, wenn der Babywunsch nicht völlig aus heiterem Himmel kommt).

Vielleicht treffen Sie sich danach an einer ruhigen Stelle im Laden und präsentieren sich gegenseitig Ihre »Mitbringsel« mit einer kleinen Erläuterung. Oder Sie kaufen die Dinge tatsächlich als Erinnerung an Ihre Traumziele.

Gehen Sie auch mal nur zum Stöbern in einen Spielzeugladen. Vieles, was für Kinder erdacht wurde, ist für Erwachsene nicht weniger unwiderstehlich.

LOTTO

Schenken Sie Ihrem Partner einen ausgefüllten, bezahlten und gültigen Lottoschein mit den Worten: Pech im Spiel, Glück in der Liebe!

SCHARADE

Dieses Spiel kennen Sie bestimmt. Zwei Teams treten gegeneinander an (bestehen Sie darauf, dass Sie beide im gleichen Team bleiben!). Die eine Gruppe muss einen Begriff pantomimisch darstellen, den das andere Team möglichst schnell erraten muss.

DIE SCHNITZELJAGD

Lassen Sie Ihren Partner auch mal für sein Geschenk »arbeiten«. Hinterlassen Sie Hinweise, die ihn auf eine heiße Spur führen. Durch die Wohnung, das Haus, den Garten, zu den Nachbarn oder sogar durch die gesamte Stadt.

Eine einfache Variante wäre es, mit Hilfe von Kleidungsstücken auf dem Boden eine Fährte bis zum Ziel zu legen. Oder bunte Heliumballons mit kleinen Zettelchen an der Decke Ihrer Wohnung zu verteilen.

Oder aber Sie legen einen großen Zettel in einen seiner Hausschuhe, den er leicht findet, wenn er nach Hause kommt. Darauf steht ein Hinweis auf den nächsten Zettel: »Gehe zum CD-Player im Wohnzimmer und öffne das CD-Fach!« Darin findet er dann einen runden Karton in der Größe einer CD, auf der wiederum ein weiterer Tipp steht ...

Sie können auch eine CD mit einem bestimmten Song einlegen, dessen Text Ihren Partner auf die weitere Fährte bringt. Dazu bereiten Sie das Abspielgerät so vor, dass der Druck auf den Play-Knopf genügt, um das Lied zu starten. Achten Sie auch auf die eingestellte Lautstärke. Unbedingt die ganze Sache vorher ausprobieren!

Wenn Sie wollen, können Sie unterwegs schon ein paar kleine Geschenke an den einzelnen Zwischenstationen der Schnitzeljagd postieren. Oder das Ganze konzentriert sich allein auf ein Ziel: den großen Preis am Schluss.

Eine weitere Variante ist, ein Abspielgerät gut sichtbar in den Eingangsbereich Ihrer Wohnung zu stellen. Darauf liegt ein Zettel mit den Worten: »Drück auf Play!« Dann erklingt die Musik des Films »Mission Impossible« und danach Ihre Stimme. »Ihr Auftrag ist es, morgen Abend einen gut aussehenden Unbekannten zu einem romantischen Abendessen zu treffen. Zeitpunkt: 20.30 Uhr. Den Ort erfahren Sie durch die geheimen Hinweise in Ihrer Wohnung.

Folgen Sie den weiteren Anweisungen am Badezimmerspiegel/auf dem Anrufbeantworter/im Briefkasten/auf Ihrem Handy/im Schreibwarenladen an der Ecke ... Sollten Sie akzeptieren, schlage ich vor, dass Sie die Rolle der geheimnisvollen und hinreißenden Schönheit übernehmen! Ende der Durchsage!«

DUNKELRESTAURANTS

Das sind seriöse Restaurants, in denen es vollkommen dunkel ist. Meistens bedienen darin Blinde, die sich in der Dunkelheit sehr gut bewegen können. Also kommt es zwischen Ihnen beiden sehr auf Worte und Berührungen an.

WORT-ERGÄNZUNGEN

Wenn Sie mal wieder gemeinsam in einer Warteschlange stehen, vertreibt Ihnen dieses Spiel die Zeit und trainiert zudem noch das Gedächtnis.

Der Erste nennt ein Wort (Jäger). Der andere hängt ein weiteres Wort an (Düsenjäger). Und so geht es abwechselnd weiter, das Wort wird länger und länger. Dabei ist es egal, ob das nächste Wort vorn oder hinten angehängt wird.

»DIE ERSTE BEGEGNUNG«

Tun Sie beide bewusst so, als ob Sie sich noch nie zuvor begegnet seien. Sprechen Sie sich vorher ab, spielen Sie das Spiel einfach durch und lernen Sie sich dabei neu kennen!

Zum Beispiel ...

... an der Bushaltestelle
... im Bahnabteil
... am Flughafenschalter
... im Flugzeug
... im Wartezimmer beim Arzt
... in einem Geschäft, in dem Sie beide vorher noch nie waren

AUF UND AB

Jedes Mal, wenn Sie »zu zweit allein« in einem Aufzug sind, warten Sie, bis die Türen sich geschlossen haben. Dann küssen Sie sich, was das Zeug hält! Das ist besonders reizvoll und spannend, wenn Sie – vor allem in den Aufzügen belebter Kaufhäuser oder Bürogebäude – nie wissen, wann er anhält und die Türen aufgehen.

SÜSSER TROST

Spielen Sie »Mensch ärgere dich nicht« mit Gummibärchen. Rausschmiss heißt, das Bärchen landet im Bauch des Rausschmeißers. Am Ende müssen dann alle »Spielfiguren« dran glauben, und der Verlierer bekommt zum Trost etwas ganz anderes als Bärchen. Eine Flasche Prosecco vielleicht?

DIE WÜRFEL SIND GEFALLEN

Beschriften Sie die verschiedenen Seiten eines Würfels mit Begriffen wie Disco, Kuscheln, Sex, Kino, Theater, Tanzen, Kochen, usw. Zu gegebenem Anlass, wenn beide dazu in Stimmung sind, würfeln Sie abwechselnd aus, was Sie unternehmen.

LEGO-MAGGIORE

Bauen Sie um die Wette! Mit Holzklötzchen oder LEGO-Steinen. Fantasie ist gefragt. Verraten Sie nicht, was Sie bauen. Wenn Ihr Partner errät, was es werden soll, erhält er eine Belohnung. Wenn er allerdings in der festgelegten Zeit nicht darauf kommt, muss er eine lästige Aufgabe im Haushalt erledigen. Bauen Sie einen Gegenstand mit einer Message und schicken Sie Ihrem Partner ein Foto davon per Handy: ein Herz ganz in Rot, Männlein und Weiblein, den Schriftzug »Ich liebe dich« aus bunten Steinen, ein Sternzeichen, einen Hafen, ein Traumschloss – was immer Ihnen einfällt.

Kapitel 8

SPIELEN WIE DIE KINDER

Kinder können hemmungslos spielen, träumen, lachen und weinen. Sie sind grundehrlich. Sie tun, was ihnen gefällt. Sie sind neugierig. Oft sehen wir Erwachsenen ihnen zu und beneiden sie um ihre Fähigkeit, alles um sich herum im Spiel zu vergessen und ganz in andere Welten abzutauchen. Warum sollten wir nicht von ihnen lernen, es ihnen ab und zu einfach gleichtun? Spielen Sie wieder. Und zwar gemeinsam!

- Gehen Sie nach draußen, wenn es schneit, veranstalten Sie eine Schneeballschlacht, fangen Sie Schneeflocken mit der Zunge, erinnern Sie sich daran, wie herrlich es früher war, wenn der erste Schnee fiel. Oder beobachten Sie Frau Holles Schauspiel ganz lange vom Fenster aus im kuschelig warmen Haus.
- Fahren Sie im Winter zusammen Schlitten.
- Schmücken Sie miteinander den Weihnachtsbaum.
- Backen Sie Kuchen und Plätzchen (es muss nicht immer nur an Weihnachten sein).
- Basteln Sie Weihnachtssterne, bemalen Sie Ostereier.
- Sagen Sie's mit Masse, mit bunter Knetmasse! Die gibt's in jedem Kaufhaus oder Spielwarenladen und kann ganz schön kreativ sein. Kneten Sie etwas, das Ihre Gefühle und Wünsche im wahrsten Sinne »zum Ausdruck« bringt. Formen Sie lustige (oder traurige) Figuren und Tiere, Flugzeuge, Sonne, Mond und Sterne, Herzen, Früchte, Brötchen, Buchstaben, Pfeile, Palmen, Gesichter, Blumen, Fantasiegebilde, Smileys usw. Das Gebilde braucht nicht künstlerisch wertvoll sein. Hauptsache, es kommt von Herzen.
- Besorgen Sie sich einen Lachsack, und setzen Sie ihn raffiniert ein.
- Spielen Sie Karten- und Brettspiele. Es müssen nicht

immer nur die Klassiker sein, schauen Sie auch nach neuen Spielen – die Deutschen sind Weltmeister im Spieleerfinden. Oder gehen Sie auf die SPIEL, die weltweit größte öffentliche Publikumsmesse für Spiele in Essen (jährlich im Oktober. Infos unter: www.merz-verlag.com). Dort kann man alles ausprobieren und sich richtig austoben.

- Bauen Sie am Strand eine Burg oder Figuren aus Sand.
- Bauen Sie ein Schiff, ein Flugzeug, ein Auto aus einem Modellbaukasten.
- Falten Sie Papierflugzeuge um die Wette; testen Sie, welche Modelle am besten fliegen.
- Lassen Sie ferngesteuerte Modellboote auf einem Weiher fahren.
- Bestellen Sie im Restaurant einen Kinderteller oder bei McDonald's ein Kindermenü mit Spielzeug.
- Bewerfen Sie sich im Sommer gegenseitig im Garten mit »Wasserbomben« (mit Wasser gefüllte Luftballons).
- Blasen Sie mit dem Strohhalm in ein volles Glas, und machen Sie Blubbergeräusche um die Wette.
- Essen Sie gemeinsam Schokoküsse. Auf die Nase drücken ausdrücklich erlaubt.
- Schlecken Sie Brausestäbchen und all die Süßigkeiten, die Sie in der Kindheit so geliebt haben.
- Essen Sie mit den Fingern.
- Essen Sie süßen Griesbrei oder Babybrei (manche Sorten schmecken richtig gut!).
- Gehen Sie an einem Teich Enten oder Fische füttern.
- Gehen Sie auf den Jahrmarkt. Fahren Sie gemeinsam Karussell! Wann sind Sie beide das letzte Mal auf weißen Holzpferden nebeneinander zu den beschwingten Klängen einer Kirmesorgel im Kreis geritten? Ein Riesenspaß! Natürlich gibt's Zuckerwatte, Paradiesäpfel oder wunderbar kitschige Lebkuchenherzen dazu.

- Besuchen Sie einen Zirkus (am besten einen mit Clowns und Akrobaten, ohne wilde Tiere. Die sollte man sich besser in freier Natur oder solchen Zoos ansehen, die auf artgerechte Haltung achten).
- Gehen Sie in eine Bäckerei, und kaufen Sie von den letzten Münzen, die Sie in Ihren Taschen finden, Süßigkeiten.
- Schauen Sie sich ein Weihnachtsmärchen im Theater an. Gehen Sie in eine Nachmittagsvorstellung eines Kinderfilms.
- Gehen Sie in eine spezielle Kindervorstellung eines klassischen Konzerts. Dort wird oft eine verständliche Einführung in das Musikstück und seine Zeit gegeben.
- Gehen Sie ins Kasperle-Theater, oder führen Sie in Waisenhäusern und Kindergärten selbst eines auf.
- Gucken Sie gemeinsam Zeichentrickfilme und Cartoon-Serien an. Schwelgen Sie in kitschigen alten Disneyfilmen.
- Hören Sie gemeinsam alte Märchenplatten.
- Lesen Sie sich gegenseitig Ihre Lieblings-Kinderbücher vor.
- Lesen Sie Kindern (Ihren eigenen oder denen von Nachbarn und Freunden) Märchen und Abenteuergeschichten vor.
- Lesen Sie Comics: die Peanuts, Micky-Maus-Hefte, Asterix und Obelix, Ihre alten Superhelden-Comics …

Oder gehen Sie auf die Suche nach neuem Lesestoff – wer denkt, Comics seien nur für Kinder, der irrt gewaltig.

- Drehen Sie gemeinsam ein paar Runden in einer Drehtür.
- Pusten Sie Kaugummiblasen um die Wette, bis zum Platzen!
- Kochen Sie drei verschiedene Sorten Pudding. Füllen Sie ein Glas mit drei verschiedenen Farbschichten: unten Vanille, in der Mitte Erdbeere, oben Schokolade. Natürlich gibt es auch zuckerfreie Produkte.
- Lassen Sie Papierdrachen steigen.

- Lassen Sie sich vom Metzger eine Scheibe Fleischwurst geben, nachdem Sie Ihre restliche Bestellung erledigt haben – und freuen Sie sich kindisch darüber!
- Veranstalten Sie ein Autorennen mit einer alten Carrera-Rennbahn.
- Pusten Sie Seifenblasen!
- Machen Sie Seilhüpfen, oder spielen Sie »Himmel und Hölle« auf der Straße mit bunter Kreide.
- Malen Sie ein Bild mit Fingerfarben.
- Malen Sie ein Malbuch mit Farben um die Wette aus, oder ziehen Sie die Linien den Nummern nach und amüsieren sich über den schnellsten Linienzieher!
- Malen Sie sich Ihr Gesicht oder den ganzen Körper gegenseitig mit Hautfarben an.
- Lassen Sie im Sommer »Knallerbsen« (auch »Schneebeeren« genannt) zerplatzen, treten Sie drauf!
- Gehen Sie baden – im Meer, am See, einer ruhigen Stelle am Fluss oder im Schwimmbad. Planschen Sie einfach herum, es muss nicht immer sportlich sein.
- Sammeln Sie Feld- und Wiesenblumen. Dann schenken Sie den bunten Strauß gemeinsam, Arm in Arm, einer wildfremden Person, einer älteren Dame bzw. einem Herrn auf der Straße.
- Schaukeln und wippen Sie zusammen auf einem Spielplatz, benutzen Sie im Schwimmbad die Wasserrutsche.
- Sind Sie oder Ihr Partner kitzlig? Wo besonders? Finden Sie es heraus. Auch, wann Schluss mit lustig ist.
- Singen Sie Kinderlieder, und veranstalten Sie abwechselnd ein Melodienraten (z. B. Titelmelodien alter, bekannter Kindersendungen, Fernsehserien und Filme).
- Singen Sie beide laut ein Duett (z. B. »Something Stupid«) in einer Tiefgarage, in der die Töne widerhallen (wenn niemand sonst da ist). Wunderbar funktioniert das auch unter Eisenbahnbrücken.

- Spielen Sie auf dem Boden Murmeln. Ist gar nicht so »kindisch« – es gibt richtige Murmelturniere und Meisterschaften für Erwachsene (mehr dazu im Internet!).
- Blamieren Sie sich abwechselnd auf einem Volksfest am »Hau den Lukas«.
- Spielen Sie gemeinsam mit den Kindern Verstecken, Blinde Kuh, Wurstschnappen, Topfschlagen oder »Piñata« – das spielt man in Mexiko während der Familienfeiern im Garten: Dabei muss immer einer mit verbundenen Augen mit einem Stock auf einen bunten Stern aus Stroh oder Pappmaschee schlagen, bis die Süßigkeiten und andere Überraschungen herausfallen.
- Spritzen Sie sich gegenseitig mit dem Gartenschlauch oder mit großen Wasserpistolen nass; hopsen Sie an heißen Tagen durch den Strahl des Rasensprengers.
- Trinken Sie Kakao statt Kaffee.
- Verkleiden Sie sich in Ihrer Wohnung – mitten im Jahr – wie an Fastnacht bzw. Karneval.
- Versuchen Sie als Beifahrer unterwegs in einem Auto in den Ortskennzeichen und Buchstaben der Nummernschilder anderer Wagen Begriffe und Namen zu lesen.
- Wagen Sie eine Tortenschlacht (Vorsicht, die dürfen NUR aus Sahne und weichem Teig bestehen, sonst Verletzungsgefahr!).
- Warten Sie gemeinsam auf Sternschnuppen, und wünschen Sie sich was. Damit der Wunsch wahr wird, darf er natürlich nicht verraten werden! (Der August ist dafür der beste Monat!)

VIRTUELLE SPIELE

- Schenken Sie Ihrem Partner eine eigene Homepage! Wenn Sie so etwas nicht selbst programmieren können oder wollen, fragen Sie Ihre Kollegen und Freunde!

- Erstellen Sie eine gemeinsame Homepage! Wo und wie haben Sie sich kennen gelernt? Was sind Ihre beider Hobbys und Interessen? Stellen Sie Ihre Urlaubsfotos auf Extraseiten. Schreiben Sie am Ende des Jahres einen Jahresbrief, und schildern Sie, was Ihnen alles in den vergangenen zwölf Monaten widerfahren ist. Auch wenn es vielleicht nur die nähere Verwandtschaft interessiert (wenn überhaupt ...), egal – denn es ist auch eine gute Gelegenheit, alles, was Ihre Beziehung wirklich ausmacht, bewusst zu definieren. Auf jeden Fall sollten Sie sehr darauf achten, dass nicht jeder Zugang zu Ihrer Website hat. Verschlüsseln Sie alle persönlichen Seiten, und gewähren Sie nur Personen Ihres Vertrauens Einlass.
- Chatten Sie von Zimmer zu Zimmer in Ihrer gemeinsamen Wohnung. Bei geschlossenen Türen. Sie werden überrascht sein, wie anders und vielleicht auch freier es sich so reden lässt, eine gute Gelegenheit, über Dinge zu sprechen, die Ihnen sonst nicht so leicht über die Lippen kommen. Auch »Ich liebe dich« sagt sich im virtuellen Raum manchmal viel leichter und ganz unpathetisch.
- Spielen Sie gemeinsam Computerspiele. Auch für wenig Erfahrene gibt es tolle Abenteuer- und Simulations-Spiele (z. B. Siedler), die keine rasanten Reaktionsgeschwindigkeiten verlangen, sondern Geduld und Fantasie.
- Schicken Sie ab und zu und ohne konkreten Grund eine E-Card (das sind virtuelle Postkarten) oder eine SMS mit einer Liebesbotschaft.
- Schenken Sie einen dieser kleinen »USB-Sticks« (gibt's auch zum Umhängen wie ein Schmuckstück) mit Lieblingssongs, Fotos, romantischen Texten (Gedichte, Liebeserklärungen usw.) oder auch kleinen MP3-Filmchen.
- Installieren Sie auf dem Handy oder dem Computer heimlich einen Bildschirmschoner mit einem Foto von Ihnen beiden.

KAPITEL 9

LIEBESZAUBER DE LUXE

»Noch ein Tanz, und mein guter Ruf
ist für immer dahin!« – »Wenn Sie Mut haben,
kommen Sie auch ohne guten Ruf aus.«
Aus dem Film VOM WINDE VERWEHT

LIEBESZAUBER FÜR DIE BESONDEREN »FEIER«-TAGE

Geburtstage, Hochzeits- und Jahrestage sind die klassische Gelegenheit für jeden Liebeszauberer, aus dem Vollen zu schöpfen. Doch denken Sie daran: Es sollte niemals in einen Wettstreit ausarten, wer dem anderen das kreativere, teuerere oder aufwändigerer Geschenk macht. Manche haben einfach ein »Händchen« fürs Schenken und für Überraschungen, andere wiederum tun sich schwerer und haben ein schlechtes Gewissen oder das Gefühl, nicht aufmerksam genug, einfallslos zu sein. Dabei sollte jedes Geschenk, jede Aktion einfach nur von Herzen kommen.

LASSEN SIE SICH INSPIRIEREN ...

- Wenn Sie wissen, wann Ihr Partner nach Hause kommt, verdunkeln Sie vor seiner Ankunft die komplette Wohnung. Verteilen Sie Kerzen, an denen er/sie sich orientieren kann. Diese sind jeweils mit einem Hinweis versehen, wohin es als Nächstes geht – wie eine Schnitzeljagd mit Kerzen. Der Weg führt zum Badezimmer, in dem bereits ein Schaumbad vorbereitet ist, vorbei an fantasievoll verpackten Geschenken, Pralinen, Sekt im Glas oder was immer Ihnen noch einfallen mag.

  Wenn sich die Tür des Badezimmers öffnet, drücken Sie den Play-Knopf des transportablen CD-Players, woraufhin romantische Musik erklingt. Zwischen all den duftenden Rosenblättern, die auf dem Wasser schwimmen, können Sie natürlich noch eine Flaschenpost deponieren. Für Licht im Bad sorgen zahllose Teelichte, die Sie vorher verteilt haben.

Der Klassiker: die Überraschungsparty! Empfangen Sie Ihren Partner mit zerzausten Haaren und zerknautschten Kleidern, und tun Sie so, als hätten Sie vor lauter Kopfschmerzen den Geburtstag völlig vergessen. Dann verlassen Sie den Raum in Richtung Badezimmer. In diesem Moment kommen die Geburtstagsgäste mit einer Torte voller Kerzen, Wunderkerzen und allem Drum und Dran ins Wohnzimmer und singen »Happy Birthday« oder »(S)he's a jolly good fellow«. Zuletzt kommen Sie ordentlich gedresst herein und überreichen die Geschenke.

❤ Schenken Sie am Hochzeitstag einen Strauß weißer Rosen, in dem eine einzelne rote steckt. Sie ist genauso einzigartig wie Ihre Partnerin.

❤ Basteln Sie einen Geburtstags-Adventskalender. Hinter jedem Türchen (oder in bunten Säckchen) verbirgt sich etwas Süßes, ein kleiner symbolischer Gegenstand oder ein Gutschein (z. B. für eine Fußmassage oder einen Eisbecher für zwei in der Eisdiele). Am großen Tag kommt dann das eigentliche Geschenk – klein, aber mit Liebe ausgewählt, vielleicht auch kostbar.

❤ Backen oder kaufen Sie einen Kuchen, am besten einen Rührkuchen. Dann schneiden Sie das gute Stück vorsichtig in der Mitte durch, höhlen Sie ihn in der Mitte aus und legen ein Zettelchen mit einer lieben, persönlichen Botschaft hinein. Dann »kleben« Sie die beiden Teile wieder zusammen (mit Zuckerguss oder Kuvertüre) und bestücken den Kuchen mit Geburtstagskerzen.

JAHRESTAGE GIBT ES VIELE:

- Ihren Hochzeitstag
- der Tag, an dem Sie sich zum ersten Mal getroffen haben
- das erste Date
- der erste Kuss
- der erste Riesenkrach (mit leidenschaftlicher Versöhnung)
- der Tag, an dem Sie zusammengezogen sind
- der Tag, an dem Sie Ihr Haus gekauft haben
- das erste Mal, dass Sie sich »Ich liebe dich« gesagt haben

ORTE, AN DENEN SIE JAHRESTAGE FEIERN KÖNNEN:

- auf dem Riesenrad
- auf der obersten Aussichtsplattform des Eiffelturms oder des Empire State Buildings
- auf einer mittelalterlichen Burg
- in einem Botanischen Garten
- im Kino, Theater oder Konzert
- in der Geisterbahn

DIE CHAMPAGNERTAUFE

Hat Ihr Partner Geburtstag, eine wichtige Prüfung bestanden oder gibt es einen anderen guten Grund zum Feiern, dann wagen Sie an einem warmen Sommertag eine ganz besondere, feuchtfröhliche Überraschung im Freien: eine echte Sekt- oder gar Champagnertaufe! Ganz wie bei den Siegerehrungen der Formel 1. Dazu gehört natürlich eine Magnumflasche (1,5 Liter).

Die Auswahl ist groß. Fast alle namhaften Hersteller haben Giganten im Sortiment. Die Magnumausgaben gibt es von € 13,- bis € 150,- und wesentlich mehr.

Sind Sie so weit? Halt, Vorsicht! Bitte unbedingt immer erst öffnen, dann schütteln! Sonst könnte die Flasche zerbersten oder der Korken knallt mit gefährlicher Kraft heraus.

- Öffnen Sie die Flasche sehr behutsam!
- Verschließen Sie anschließend die Flaschenmündung mit Ihrem Daumen.
- Erst dann schütteln Sie die Flasche ganz leicht und langsam!
- Kontrollieren Sie mit Ihrem Daumen den Sekt- bzw. Champagnerstrahl, und achten Sie darauf, dass Sie die Flaschenmündung zwar von sich weghalten, aber der Strahl nicht auf Gesichter und keinesfalls auf die Augen anderer zielt. Am besten, Sie üben die ganze Prozedur vorher allein mit einer kleineren Flasche und der billigsten Marke, die Sie finden können.
- Sehr empfehlenswert ist es, den Partner und alle anderen Anwesenden auf das Ereignis vorzubereiten. Alle, inklusive Sie

selbst, sollten auf jeden Fall nur solche Kleidung tragen, der die klebrige Luxusbrause nichts anhaben kann! Ein demoliertes teures Kleid, ein beschädigter wertvoller Anzug könnten jede fröhliche Stimmung schnell verderben. Der Spaß würde richtig teuer – und könnte Freundschaften killen.

- Halten Sie Handtücher, Kamera – und natürlich Sektgläser bereit! Denn ein »Restchen« sollte für jeden noch übrig bleiben.

LIEBESZAUBER FÜR WAGEMUTIGE

All diese Aktivitäten sind bestens geeignet, um Dinge zu sagen, die Sie sich bisher nicht getraut haben. Hier müssen Sie sich allemal überwinden. Warum den Mut nicht auch zum Verlobungs- oder gar Heiratsantrag nutzen? Werfen Sie jegliche Zaghaftigkeit über Bord, und wagen Sie endlich den lang geplanten Schritt!

FALLSCHIRMSPRINGEN

Wie wäre es mit einem zeitgleichen Sprung aus einem Flugzeug? Lernen Sie es erst einzeln, und wagen Sie dann einen Tandemsprung zusammen.

SEGELFLIEGEN

Fliegen Sie einfach mal mit, oder schenken Sie Ihrem Schatz einen Rundflug.

HUBSCHRAUBERFLUG

... über New York. Ein einmaliges Erlebnis!

FLUG ÜBER DEN GRAND CANYON

Der Grand Canyon ist ein Naturmonument, dessen gewaltige Ausmaße man unbedingt einmal aus der Luft gesehen haben sollte.

... WIE IM FLUG!

Schenken Sie Ihrem Partner eine aufregende Trainingsstunde als »Flugkapitän« eines Jumbojets: In einem professionellen Simulator für Piloten, z. B. bei der Deutschen Lufthansa, für ca. € 300,- gibt es ein bis drei Stunden, inklusive professioneller Einweisung in Theorie und Praxis, samt Zeugnis und Urkunde. Die Internetseiten dazu finden Sie im Anhang unter »Originelle Geschenke«. Trainieren Sie vorher zu Hause gemeinsam am PC! Mit dem »Flight Simulator« von Microsoft, ca. € 80,-.

ACHTERBAHN

Ob auf der Kirmes oder im Freizeitpark, es gibt viele fantastische Achterbahnen, sowohl für Angsthasen als auch Fortgeschrittene. Für Adrenalinjunkies gibt es in Las Vegas die Achterbahnen rund um das New York Hotel und um die Spitze des Stratosphere Tower, des höchsten Gebäudes der Stadt.

TRAUEN SIE SICH?! ODER LASSEN SIE SICH TRAUEN?

Geben Sie sich das Jawort in luftiger Höhe. Anbieter von Rundflügen haben oft auch ein Hochzeitspaket im Programm. Nur Sie, Ihr Liebster, der Pilot und ein Pfarrer oder Standesbeamter sind an Bord. Das Zeugenfoto können Sie natürlich später oder vorher am Boden machen lassen.

Kapitel 9

NUR FÜR LIEBESZAUBERVERRÜCKTE

EXOTISCHE URLAUBSSTIMMUNG ZU HAUSE

Holen Sie sich die Südsee ins Wohnzimmer! Mit Licht, Musik und Geräuschen – mit dem Zwitschern exotischer Vögel, Trommeln und Bongos in der Ferne, Regen und Gewitter oder einfach nur Meeresrauschen. Dazu brauchen Sie ein paar Requisiten und kulinarische Zutaten: für ihn ein Hawaii-Hemd, Bermuda-Shorts, für sie einen Wickelrock und Sonnenhut, eine tropische Blumenkette, Sonnenbrille, Cocktails und ausgefallene Gläser mit Strohhalm, Meeresfrüchte mit Oliven, Sonnenmilch mit Kokos-Duft, eine Luftmatratze, eventuell etwas Sand und Muscheln auf einer Bastmatte auf dem Wohnzimmerboden. Vielleicht haben Sie ja auch noch eine aufblasbare Palmeninsel im Keller?

Wer sich traut, tanzt zu karibischen oder mediterranen Rhythmen. Es müssen gar nicht alle Details geografisch zusammenpassen, Hauptsache, die Stimmung ist gut!

Sie können auch das Urlaubsvideo vom letzten Traumurlaub auf dem Bildschirm laufen lassen oder eine DVD mit einem Film in der gewünschten Landessprache (schließlich kann man auf vielen DVDs verschiedene Sprachfassungen anwählen).

WARUM IN DIE FERNE SCHWEIFEN ...

Klar, ein Picknick auf einer grünen Wiese kann ein wunderschönes Erlebnis sein. Doch vor allem in der Nähe von kleinen Weihern und Seen kann es passieren, dass man von einer Mückeninvasion heimgesucht wird. Ein Picknick im Doppelbett oder auf dem Wohnzimmerboden kann genauso viel Spaß machen! Öffnen Sie an einem schönen Sommertag alle Fenster. Eine Decke auf den Boden, und dann wird wie bei einem echten Picknick gedeckt –

besonders schön ist es, wenn Sie ein nostalgisches Picknick-Köfferchen aus Weidengeflecht benutzen, in dem man »richtiges« Geschirr und Besteck sicher verstauen kann.

DER STROMAUSFALL

Spielen Sie Stromausfall. Wenn es im Winter früh dunkel wird, legen Sie Kerzen und Streichhölzer in allen Räumen zurecht und auch sonst alles für einen urgemütlichen Abend im (fast) Dunkeln. Das Licht geht einfach deshalb nicht an, weil Sie es nicht wollen. Mit einem Mal wirken alle Räume ganz anders. Sie können auch eine Weile ganz im Dunkeln verbringen. Am besten vorher alle gefährlichen und gefährdeten Gegenstände aus dem Weg räumen. Im Schwarz der Nacht kommt man auf die ausgefallensten Gesprächsthemen.

DAS PALMENHAUS

Wollen Sie einen ganz besonderen Abend zu zweit – oder mit guten Freunden – erleben? Dann organisieren Sie ein Abendessen in einem Palmenhaus, wenn es so etwas in Ihrer Nähe gibt. Ein Chauffeur (jemand aus Ihrem Bekanntenkreis) holt Ihren Partner in einem eleganten Auto zu einem »Überraschungs-Abendessen« zu Hause ab. Im Wagen liegt ein kleines Abspielgerät für DVDs. Sobald Ihr Partner auf dem Rücksitz Platz genommen hat, bittet der Fahrer sie/ihn, auf den Startknopf des Players zu drücken. Und schon erscheinen Sie auf dem Bildschirm als Hawaii-Urlauber mit Blumenkette und Cocktail in der Hand, umringt von Palmen. Dazu hört man tropische Klänge und Meeresrauschen. Das Video haben Sie natürlich vorher »produziert«; es soll aber wie eine »Direktübertragung« aus einem exotischen Urlaubsort anmuten: »Hallo, mein Schatz! Du befindest dich nun auf der Fahrt zu mir. Hier ist es tropisch warm. Überall Palmen. Es ist wunderschön. Das Abendessen ist auch schon fertig!« (Schwenk auf die Meeresfrüchte und anderen Köstlichkeiten auf dem Tisch.) Sie prosten Ihrem Partner im Auto zu: »Freu mich auf dich, bis gleich!«

Nach einer kurzen Fahrt parkt das Auto vor dem Eingang des Palmengartens. Sobald Ihr Partner dort angekommen ist, wird er zu Ihnen geführt. Sie sitzen bereits in stilechter Umgebung (genau wie auf dem Video im Auto) mitten im Palmenwald, der Tisch ist gedeckt und die Party kann beginnen!

DAS SPUKSCHLOSS

Organisieren Sie Vergleichbares wie im Palmenhaus, nur in einem Schloss! Schauen Sie ins Internet. Am Rhein gibt es einige Burgen, die Räumlichkeiten für solche Anlässe zur Verfügung stellen (z.B. in Wesel). Von gepflegter Gastronomie im Rittersaal bis hin zur Geisterstunde mit Rasseln, Gespenst und einer stimmungsvollen Schlossführung bei Nacht.

NEU VERTONT

Lassen Sie von einem professionellen Sprecher einen Glückwunsch, eine Liebeserklärung auf Band bzw. auf CD sprechen. Das kann ein/e Radiomoderator/in mit einer charismatischen Stimme, ein/e Schauspieler/in oder, wenn Sie wollen, vielleicht sogar ein bekannter Synchronsprecher eines Hollywood-Stars sein. Die Adressen und Telefonnummern der Rundfunkstationen, Studios, Künstleragenturen oder sonstigen Ansprechpartner finden Sie im Internet. Nicht ganz einfach und preiswert, aber auch nicht unbezahlbar.

IMPROVISATIONSTHEATER

An Schauspielschulen gehört Improvisieren zum Ausbildungsprogramm. Schlüpfen Sie beide ganz spontan in eine Rolle, und fordern Sie mit Ihrem persönlichen »Improvisationstheater« Ihre

Fantasie und die Ihres Partners heraus. Spielen Sie eine erfundene Szene oder eine Passage aus einem Film, mimen Sie den plötzlich aufgetauchten Zwilling, einen Teppichverkäufer, was immer Ihnen in den Sinn kommt. Wenn Ihr Partner darauf anspringt, können dabei die lustigsten und verrücktesten Geschichten herauskommen.

Ein Beispiel: Tun sie so (allein oder in der Öffentlichkeit), als ob Sie Agenten seien, die sich gerade das erste Mal begegnen. Sie ganz cool: »Haben Sie das Geld?« Er: »Ja, es ist im Safe, wie besprochen.« Und dann spinnen Sie die Geschichte einfach selbst weiter ... Doch seien Sie bitte nachsichtig, wenn Ihr Partner nicht Ihre Begeisterung für solche Spielereien teilt.

FREMDSPRACHEN VERBINDEN ...

... das ist gewiss nicht neu, klar. Aber nicht unbedingt üblich in einer Beziehung. Vorausgesetzt, Sie beherrschen beide die gleiche(n) Fremdsprache(n) oder sogar einen Dialekt. Dann sprechen Sie doch zur Abwechslung einen ganzen Abend nur in dieser Sprache miteinander! Kein einziges hochdeutsches Wort, bitte! Was Ihnen nicht einfällt, umschreiben Sie mit anderen Worten oder mit Händen und Füßen. Das mag Ihnen zunächst seltsam vorkommen. Aber Sie gewöhnen sich ganz schnell daran. Das Faszinierende dabei ist: In einer anderen Sprache, selbst in einem deutschen Dialekt, verändern sich nicht nur Ihre Worte, Sie nehmen auch insgesamt eine andere Ausdrucksweise an. Bewegungen, Körpersprache, Wortschatz, Stimmlage, Ihre ganze Art ändert sich. Selbst, wenn es nicht perfekt klingt, sind Sie automatisch jemand anderes.

Wozu das gut ist? Sie kommen aus Ihrem täglichen Trott heraus, suchen plötzlich händeringend nach Worten, lachen, helfen sich gegenseitig aus, flirten vielleicht unbewusst miteinander wie mit einem Fremden. Das macht Spaß und ist ein gutes Training für Ihren nächsten gemeinsamen Urlaub!

DER TAUCHKURS

Besuchen Sie gemeinsam einen Tauchkurs. Noch besser: Werden Sie Mitglieder einer Tauchsportgruppe in Ihrer Nähe. Man lernt viel dabei: Geschicklichkeit unter Wasser, den Umgang mit der Atemluft und der Sauerstoffflasche, die Fortbewegung mit Schwimmflossen, die Verständigung ohne Worte per Zeichensprache. Und es geht beim Tauchen auch um eine spezielle Form der »Partnerschaft«. Niemals taucht einer allein. Immer ist zumindest ein Tauchpartner dabei. Während eines Tauchganges achtet einer stets auf den anderen, ist notfalls sofort für ihn da. Gegenseitiges Beobachten und Vertrauen sind das A und O, das schafft Sicherheit und rettet notfalls Leben. Abgesehen davon kann es etwas unglaublich Schönes sein, die Unterwasserwelt gemeinsam zu erkunden. Vor allem, wenn es der eigene Partner ist, mit dem man in die geheimnisvollen Tiefen abtaucht.

Auch im übertragenen Sinne macht der Begriff »Tauchen« Sinn: Tauchen Sie beide einfach mal für ein paar Stunden oder gar Tage ab. Sie sind schlichtweg verschwunden und für niemanden zu erreichen. Auf einer kleinen skandinavischen Insel, auf den Malediven oder einfach nur zu Hause, indem Sie Anrufbeantworter und Handy abschalten. Geben Sie aber vertrauten und anderen wichtigen Personen Bescheid. Oder tauchen Sie ein in ein interessantes Thema, ein Wissensgebiet, das Sie beide fasziniert. Schmökern Sie in Fotoalben, Bildbänden, alten Tagebüchern. Machen Sie gemeinsame Entdeckungsreisen durchs Internet, lesen Sie sich gegenseitig Märchen vor, oder wandern Sie durch Ihre beider Fantasie!

MAL EIN GANZ ANDERER TYP

Ändern Sie probeweise Ihr Outfit. So etwas kann man ja vorsichtig ausprobieren. Die Modezeitschriften sind voll von Anregungen. Sie müssen nicht gleich zum Punk mutieren oder den Vamp rauskehren. Aber ein wenig Abwechslung, spielerisch präsentiert, kann spannende Impulse geben. Und wenn es Ihnen gefällt, bleiben Sie dabei! Oder lassen Sie sich einen neuen Haarschnitt verpassen! Auch eine neue Haarfarbe kann ein ganz neues Lebensgefühl vermitteln. Für manche Menschen ist es völlig normal, sich immer neu zu stylen, so kann es auch eine Motivation für Sie selbst sein, der Beweis, dass Sie Veränderungen nicht scheuen und offen für Neues sind.

DIE FOTO-ORGIE

Machen Sie eine spontane Fotosession. Unterwegs oder zu Hause, am Strand, in einem Freizeitpark, auf einer Kirmes, mitten in Paris! Tun Sie so, als seien Sie Profifotograf mit einem Model (auch wenn Sie nur eine kleine Digitalkamera haben), posieren Sie, was das Zeug hält. Natürlich werden zwischendrin auch mal die Rollen getauscht.

PASSFOTO ZU ZWEIT

Sie sind in Einkaufszentren, Bahnhöfen und Flughäfen: die Fotokabinen für Passbilder. Warum zwängen Sie sich nicht zu zweit hinein und lassen sich gemeinsam ablichten? Ob als Erinnerungsfoto vor der Reise oder als Grimassenwettbewerb, Spaß macht es allemal! Vielleicht nutzen Sie die Kabine auch nur, um sich kurz hinter dem zugezogenen Vorhang zu küssen. Auch das wäre mindestens vier Aufnahmen wert. Aber bitte achten Sie bei aller guten Laune darauf, dass draußen niemand ungeduldig warten muss ...

HOCH-ZEIT

Ganz egal, ob Sie sich tatsächlich bald das Jawort geben wollen, einen runden Hochzeitstag feiern möchten oder einfach nur schöne Kleider mögen: Gehen Sie zusammen in ein Fachgeschäft für

Hochzeitsmoden, und lassen Sie Ihre Partnerin die schönsten Kleider anprobieren. Viele Geschäfte verleihen den prächtigen Traum in Weiß bereits ab hundert Euro pro Tag. Und zauberhafte Kleider, die ursprünglich zweitausend Euro und mehr gekostet haben, lassen sich günstig bei eBay ersteigern.

Es geht niemanden etwas an, was Sie damit vorhaben. Zum Beispiel einen Fototermin an einem malerischen Ort in Ihrer Umgebung zu veranstalten oder es während einer romantischen Gondelfahrt durch die Wasserstraßen Venedigs zu tragen. In Paris vor dem Eiffelturm oder im historischen Künstlerviertel Montmartre damit zu posieren, im Hintergrund die Kirche Sacre Cœur und die prächtige Kulisse der Stadt.

So manche Heiratsmuffel sollen auf diese Weise ihre Einstellung geändert haben ...

DER GEHEIME UNTERKLEBER

Tische werden meist auf der Oberseite gewischt, selten auf der Unterseite. Sollten Sie beide in einem Restaurant einen romantischen Abend zusammen verbracht haben, dann kleben Sie heimlich zusammen einen kleinen selbsthaftenden Aufkleber auf die Unterseite des Tisches. Darauf könnten Ihre beiden Vornamen stehen, das Datum Ihres Aufenthalts und ein kleiner Liebesschwur.

Wenn Sie das nächste Mal dort sind, schauen Sie gemeinsam nach, ob Ihr Aufkleber noch da ist! Das kann besonders witzig und spannend werden, wenn Sie das an einem fernen, aufregenden Ort wie Hongkong, New York, auf Hawaii oder in einer Kneipe in Neuseeland machen und nach Jahren wieder gemeinsam dorthin zurückkommen ...

KAPITEL 10

LIEBESZAUBER FÜR JEDEN GELDBEUTEL

»Ein hübsches, kleines Nichts, das Sie da beinahe anhaben.«

Aus dem Film JAMES BOND: DIAMANTENFIEBER

KAPITEL 10

GEMEINSAM »ZWEIKAUFEN«

Es muss nicht immer etwas kosten – so viel ist dem Liebeszauberer klar. Doch hin und wieder ist es herrlich, genüsslich shoppen zu gehen. Viele Paare sind allerdings schnell gestresst, denn oft genug folgt das Kaufverhalten von Männern und Frauen exakt dem gängigen Klischee: Irgendwann sitzt ER entnervt auf einem Stuhl und fragt sich, was in aller Welt so schwer daran ist, einen BH auszuwählen. Sprechen Sie daher vorher darüber, wer was besorgen will und ob der andere auch in Stimmung ist, den Modeberater zu spielen. Dann kann der Einkaufsbummel wirklich Spaß machen.

♥ Eine Alternative für gestresste Paare: Wie wäre es zur Abwechslung mit einem »Zwei-Stufen-Einkauf«? Sie tigern zuerst allein los und suchen aus, was Ihnen gefällt. Dann sammeln Sie Ihren Liebsten ein und entführen ihn in Ihr Shopping-Jagdrevier. Ein wenig Geduld muss er schon mitbringen. Aber deutlich weniger als für einen klassischen Einkaufsmarathon. Sie wissen ja ungefähr, was Sie wollen. Und dann entscheiden Sie gemeinsam. Machen Sie für Ihren Partner eine Modenschau mit all den ausgewählten Teilen! Dazwischen gibt es immer wieder kleine Belohnungen. Eis, einen kleinen Snack, Kaffee und Kuchen oder einen leidenschaftlichen Kuss in der Umkleidekabine.

♥ Sie wollen ein teures Gemälde, ein Fotoposter oder einen Druck kaufen? Gehen Sie in ein Geschäft, in dem Ihnen die Auswahl grundsätzlich zusagt. Dann suchen Sie fünf Bilder aus und bitten Ihren Schatz, in den gleichen Laden zu gehen und ebenfalls fünf Lieblingsbilder auszusuchen. Ist eines dabei, das Ihnen beiden gefällt? Dann kaufen Sie es gemeinsam.

- Sollte Ihnen beim gemeinsamen Einkaufsbummel ein Kleid auffallen, das Ihnen beiden gut gefällt, dann probiert sie es natürlich an. Kommt auf Ihren Ruf »Passt es?« ein »Ja!« aus der Umkleidekabine, begeben Sie sich schnurstracks zur Kasse, zahlen das gute Stück und eilen zur Kabine zurück. Dort schneiden Sie das Etikett ab, geben ihr einen Kuss und bitten sie, das Kleid gleich anzulassen.

GESCHENKIDEEN FÜR DEN LIEBESZAUBERER

SCHAUFENSTERBUMMEL AM SONNTAG

Gehen Sie an einem Sonntag zusammen an den Schaufensterauslagen der Geschäfte vorbei, und nehmen Sie sich dabei Zeit fürs Betrachten. Das Gute daran: Die Läden sind geschlossen; es droht kein übereilter Einkaufsmarathon. Achten Sie dabei auf die Blicke und Kommentare Ihres Partners. Merken Sie sich seine Wünsche! Der nächste Geburtstag kommt bestimmt.

EIN GANZ BESONDERES GESCHENK

Finden Sie heraus (von den Eltern, Geschwistern oder alten Freunden), was sich Ihr Partner früher, vielleicht schon als Kind, immer gewünscht, aber nie bekommen hat. Z.B. eine Carrera-Rennbahn, eine Barbie-Puppe, eine Übungsstunde in einem Flugsimulator oder die Teilnahme an einer Modenschau. Und dann erfüllen Sie ihr/ihm den lang gehegten Wunsch!

GESCHENKTE ZEIT

Manchmal kostbarer als jedes materielle Geschenk:

- ein paar Stunden Ruhe und Frieden
- ein Tag ohne Kinder
- ein Wochenendausflug

DER LIEBESZAUBER-POKAL

Sollte der »weltbeste Liebhaber« nicht auch als solcher mit einem Pokal geehrt werden? Und hätte sie nicht einen »Liebes-Pokal« verdient! Trophäen-Läden sind voll von Ideen für solche Geschenke: Hier findet man Plaketten, Medaillen, Namensschilder, Zertifikate und Banner. Und alles kann mit der eigenen Botschaft versehen, graviert oder beschriftet werden. Schauen Sie in den gelben Seiten unter »Pokale«!

DER PERSÖNLICHE BILDBAND

Es gibt im Internet viele Anbieter, die für etwa dreißig bis neunzig Euro schöne Hochglanz-Bildbände in bester Fotoqualität herstellen. Es dauert etwa ein bis zwei Wochen vom Einschicken der Digitalfotos bis zum Erhalt des Bildbandes.

Mit einer einfachen Software können Sie Ihre Fotos auf dem Bildschirm in der Größe verändern, bearbeiten und so auf den Seiten verteilen, wie es Ihnen gefällt. Auch die Hintergründe sind frei wählbar. Alles sieht am Ende aus, wie Sie es von professionell hergestellten Büchern kennen. Nur eben viel persönlicher.

DESSOUS FÜR IHN

Sie schenkt ihm … Dessous! Ja, Sie lesen ganz recht. Hübsch verpackt, mit Schleife und allem Drum und Dran. Und dann? Wenn er es ausgepackt hat, fragen Sie ihn frech lächelnd, ob es okay sei, das Geschenk schon mal für ihn anzuprobieren. Er könne ja gleich wieder ins Schlafzimmer kommen. Aber bitte vorher anklopfen und – etwas Geduld, der Herr!

DIE BESONDERE NOTE

Testen Sie gemeinsam in einer Parfümerie die neuen Düfte der Saison oder auch Parfüm-Klassiker. Dann gehen Sie gemeinsam spazieren oder einen Kaffee trinken. Danach schnuppern Sie nach der »B-Note« des Dufts (die zarten Nuancen, die sich erst nach einer Weile in Verbindung mit der Haut offenbaren) und gehen dann in Ruhe zurück zur Parfümerie. Vielleicht haben Sie bis dahin Ihre Lieblingsdüfte gefunden und schenken sie sich gegenseitig.

EDEL, GLITZERND ... UNWIDERSTEHLICH

- Lassen Sie persönliche Dinge mit einem Liebesgeständnis gravieren: einen Ohrring, ein Feuerzeug, das Handy, die Gürtelschnalle oder auch die Rückseite einer Armbanduhr.

- Die etwas andere Art zu schenken: Legen Sie den Schmuck, den Ring, die Goldkette wie beiläufig in ihre Schmuckschatulle, in den Brotkasten, eine neue Pralinenschachtel, oder schmuggeln Sie das Kleinod in ein Überraschungsei.

- Kaufen Sie viele billige Modeschmuck-Ringe aus Plastik. Legen Sie diese in die Vertiefungen einer geleerten Pralinenschachtel, und fügen Sie einen echten Brillantring hinzu. (Kennen Sie die Ringfingergröße Ihres Partners?) Am besten benutzen Sie eine edle Pralinenschachtel, wie man sie in feinen Confiserie- oder Schokoladen-Läden bekommt; ihnen sieht man meist nicht an, dass sie bereits geöffnet waren.

♥ Legen Sie das neue Outfit, das Sie ihr gekauft haben, ausgebreitet aufs Bett. Dazu gehört: schöne Unterwäsche, ein schickes Kleid, ein passender Schal, eine Kette oder anderer Schmuck! Für die entsprechenden Schuhe legen Sie am besten einen Einkaufsgutschein dazu, denn die muss man wirklich vorher anprobieren.

♥ Spielen Sie den großzügigen Piraten! Füllen Sie eine hölzerne Schatztruhe mit Schmuck, Dessous und vielen anderen liebevollen Details. Dekorieren Sie das Innere der Truhe mit glitzernden »Edelsteinen«, Muscheln und Perlen aus dem Dekorationsgeschäft.

Eine andere Variante: Legen Sie glitzernden Kunst-Schmuck, künstliche Edelsteine, alte Münzen und billige Perlenketten hinein. Unter all diesen »Kostbarkeiten« ist natürlich ein echtes Schmuckstück, eine Uhr oder ein anderes wertvolles Kleinod »vergraben«, das sie finden muss.

VERSTECKE FÜR ÜBERRASCHUNGEN

Für kleine Geschenke, Liebeszauber-Botschaften und sonstige Kleinigkeiten:

- unter dem Kopfkissen
- im Handschuhfach
- im Badezimmerschränkchen
- im Kühlschrank
- im Brillenetui
- in der Handtasche
- in einer Pizzaschachtel
- in der Hemdtasche
- im Kulturbeutel
- im Werkzeugkoffer, wenn er nicht nur unbenutzt herumsteht
- zwischen den Make-Up-Fläschchen
- in einem Schuh oder einem Pantoffel
- im Handschuh im Winter

- im Kalender oder Planer, am betreffenden Tag bzw. einem wichtigen Jahrestag
- im Adventskalender am 24. Dezember oder einen Tag vorher (vorsichtig ins Türchen hineinschmuggeln!)
- im Lieblingsteil der Tageszeitung am Morgen
- in der Zuckerdose
- in der Schmuckschatulle
- zwischen den Seiten des Buches, das Ihr Partner gerade liest (als oder neben dem Lesezeichen)
- unter einer silbernen Speiseglocke
- in der Geldbörse
- im Briefkasten, zwischen der Post
- im Brotkasten
- in der Kaffeedose
- im Laptop auf der Tastatur
- in einer Flasche (Flaschenpost in der Badewanne oder unterwegs)
- in einer Pralinenschachtel
- in der Hülle der Lieblings-CD oder DVD, die Ihr Partner immer wieder gern hört oder sieht
- unter dem Klavierdeckel
- im Sicherungskasten (Sie drehen vorher die Sicherungen heraus, die für das Licht im Eingangsbereich Ihrer Wohnung zuständig sind.)

DAS SCHMUCKKÄSTCHEN

Kaufen Sie sich ein schönes Kästchen oder eine kleine Schatztruhe für Ihre Liebeszauber-Erinnerungen. Dort hinein kommen Dinge wie …

- Kinokarten, Theaterprogramme, Eintrittskarten von Sehenswürdigkeiten
- Muscheln und Sand vom Urlaub am Meer
- Weinetiketten und Champagnerkorken
- Speisekarten, die Sie an romantische Abende erinnern
- Liebesbriefe
- ein Probefläschchen mit dem Parfüm, das Ihr Partner trägt
- Tickets und Eintrittskarten von Reisen, die besonders schön und romantisch waren
- zwei bis drei Postkarten mit romantischen Motiven, bereits frankiert. So können Sie stets spontan etwas Liebes schreiben und abschicken.

KAPITEL 11

LIEBESZAUBER FILMREIF

»Wo wollen Sie hin?« – »Ich will mir ein Mädchen für meinen Film besorgen, selbst wenn ich es heiraten muss!«
Aus dem Film KING KONG UND DIE WEISSE FRAU

DIE KÜSSE DER LIEBESZAUBERER

»Ihr küsst recht nach der Kunst.«
Aus William Shakespeares ROMEO UND JULIA (1. Akt, 5. Szene)

Der Kuss ist das Symbol der Liebe schlechthin! Mit einem Kuss zeigen sich Menschen ihre Nähe und ihr Vertrauen, er ist eine Geste des Begehrens, der Zärtlichkeit, der Verehrung oder der Freundschaft. All dies kann ein Kuss sein, und der romantische und erotische Kuss der Liebenden ist etwas ganz Besonderes.

Der erste Kuss ist selten perfekt, denn auch Küssen will gelernt sein. Hier gelten Feingefühl und Ehrlichkeit, genau wie in allen anderen Bereichen der Liebe.

Sich in der Öffentlichkeit zu küssen, kann eine schöne Gelegenheit sein, sich gegenseitig (und der ganzen Welt) zu zeigen, wie sehr man sich liebt. Gleichzeitig ist und bleibt es eine sehr intime, private Sache. Daher sollten Sie die Gefühle Ihres Partners und die der Menschen in Ihrer Umgebung respektieren. Bitte denken Sie vor allem bei Reisen in Länder mit anderen Sitten und Gebräuchen daran.

DIE BESTEN ORTE UND MOMENTE, SICH ZU KÜSSEN

- im Theater, sobald im Zuschauerraum das große Licht ausgeht, bevor der Vorhang sich öffnet. (In diesem Moment sind alle um Sie herum für einen Moment wie blind.)
- in einer Kutsche
- im Sommerregen im Freien
- auf dem Meer auf einer Luftmatratze oder in einem Gummiboot
- unter Wasser
- im dichten Schneetreiben
- auf einer bunten Blumenwiese
- im Aufzug
- unterm Sternenhimmel

- in der Umkleidekabine eines Bekleidungsgeschäftes oder eines Schwimmbades
- auf einem Riesenrad, in der Achter- oder Geisterbahn
- vor einem Fotoapparat oder einer laufenden Kamera
- an Deck eines Schiffes bei Sonnenuntergang
- auf einer Aussichtsplattform, hoch über der Erde
- auf der Internationalen Raumstation ISS (rechtzeitig anmelden!)

DER TASCHENKUSS

Geben Sie Ihrem Partner einen Kuss mit auf den Weg! Wie? Ganz einfach! Kurz vor der Verabschiedung geben Sie einen liebevollen Kuss auf die Innenfläche Ihrer linken Hand. Dann tun Sie mit der rechten Hand so, als würden Sie diesen Kuss aus der linken Hand entnehmen und ihn vorsichtig in die Hosen- oder Jackett-Tasche des Partners stecken.

DER KIRSCHKUSS

Hier unser »Modetipp« für den Sommer, bei dem sicher auch einige Kindheitserinnerungen hochkommen: Wenn im Juli wieder die Süßkirschen an den Bäumen prangen, nehmen Sie zwei zusammenhängende Kirschenpärchen und hängen sie als Schmuck über die Ohren Ihrer Partnerin. Das Schöne an diesen »Ohrringen« ist: Sie können sie wegknabbern. Aber nur von einem Ohr. Die auf der anderen Seite sind für Ihren Schatz. Sobald Sie die Kirschen verspeist haben, spucken Sie die Kerne aus und küssen sich. Süßer können Küsse nicht schmecken.

DER BLITZKUSS

Signalisieren Sie ihrem Partner, dass Sie auf die Wange geküsst werden möchten, indem Sie ganz nah an ihn herankommen und mit dem Zeigefinger mehrmals auf Ihre Wange tippen. Genau in dem Moment, in dem er zum Kuss ansetzt, drehen Sie blitzartig den Kopf zur Seite und küssen ihn frech auf den Mund!

MARKIEREN SIE SICH IN IHREM KALENDER DEN 6. JULI! DAS IST DER INTERNATIONALE TAG DES KUSSES!

DER FILMKUSS

In jedem Liebesfilm ist der erste Kuss ein Schlüsselmoment, der Augenblick, in dem sich beide gegenseitig eingestehen, dass sie sich lieben und begehren. Gerade in der frühen Zeit des Films, als der amerikanischen Filmindustrie genaue Regeln vorgegeben waren, was erlaubt war und was nicht, waren diese Küsse höchst aufregende Momente, herrlich melodramatisch, geradezu anstößig und oft Opfer der Zensur. Doch auch heute berührt uns ein bedeutungsvoller Kuss im Film oft mehr als das, was meist danach unterm Laken folgt. Und nicht selten führt ein überzeugender Kuss auf der Leinwand zu den wildesten Spekulationen der Klatschpresse, ob sich das Paar auch im wirklichen Leben gefunden hat. Was durchaus immer wieder vorkommt. Viele Hollywood-Paare haben sich am Set kennen und lieben gelernt.

Nirgendwo sind Filmküsse herrlicher anzusehen als in »Cinema Paradiso«. Zahllose leidenschaftliche Küsse, zusammengefasst in einer ergreifenden und hochromantischen Szene des preisgekrönten Spielfilms von Giuseppe Tornatore.

Unvergesslich sind auch die Leinwandküsse der besonderen Art. So zum Beispiel die Szene aus »Susi und Strolch«, in der sich die beiden Hunde beim Spaghetti-Essen immer näherkommen und schließlich küssen. Auch der Kuss, den die kleine Drew Barrymore dem Außerirdischen E.T. auf die Nase drückt, rührte Millionen Kinogänger. Weniger erfreulich und heute nicht mehr vorstellbar:

Kapitel 11

1968 sorgte die TV-Serie »Raumschiff Enterprise« mit einem Kuss für großen Wirbel: Anlass war der erste Filmkuss zwischen einem Weißen (Captain Kirk) und einer Farbigen (Lieutenant Uhura). Verschiedene Sender in den Südstaaten der USA verweigerten sogar die Ausstrahlung der Episode.

Leidenschaftliche Filmküsse laden die Zuschauer überall auf der Welt zum Träumen ein: Frauen würden liebend gern in die Rolle der Darstellerin schlüpfen und einmal in den Armen von George Clooney, Johnny Depp oder Brad Pitt dahinschmelzen. Und die männlichen Zuschauer würden nur zu gerne einmal einen lässigen Spruch wie »Schau mir in die Augen, Kleines« oder »Mein Name ist Bond, James Bond« in den Raum werfen und danach eine Traumfrau verführen dürfen.

Leider funktioniert so etwas meistens nur im Film. Und das ist natürlich gar nicht so schlimm, denn Hollywood heißt nicht umsonst »Die Traumfabrik«. Träume müssen nicht erfüllt werden, manche existieren einfach, um unserem Leben Magie einzuhauchen, sie bewahren ihren Zauber nur dadurch, dass sie auch Träume bleiben. Und jeder kann seinen eigenen romantischen Film leben, mit dem wunderbaren Menschen an seiner Seite.

DER FILMKUSS AM STRAND

Sie können sich am Strand natürlich einfach »nur so« küssen – tagsüber, bei Sonnenuntergang, wie und wo immer sie wollen.

Aber ein Strand bietet auch eine herrliche Kulisse für einen malerischen Filmkuss. Sie können ein klassisches Wiedersehen inszenieren – die beiden Liebenden gehen am Strand aufeinander zu, beginnen zu laufen und fallen sich dann mit einem innigen Kuss in die Arme. Dazu brauchen Sie eine Küste mit einem schier endlos langen Sandstrand, gutes Wetter, farbige Kleidung (Badesachen, leuchtende Flattertücher) und viel Sinn für Romantik.

Oder wie wäre es mit einem gerahmten Filmkuss? Dazu brauchen Sie etwas Geduld, um den richtigen Zeitpunkt und Ort zu finden, plus Kamera mit Stativ. Wählen Sie einen dramatischen Hintergrund, vielleicht einen beeindruckenden Felsblock am Strand vor einem glühenden Sonnenuntergang. Richten Sie den Bildausschnitt sorgfältig ein, sodass Sie nur noch in Position gehen müssen, und dann schießen Sie filmreife Kussbilder mit dem Selbstauslöser. Natürlich können Sie für diese Aktion auch einen Fotografen oder einen Freund beauftragen, wenn es Ihnen nichts ausmacht, Publikum zu haben.

IHR PARTNER – IHR STAR!

Wer ist Ihr ganz persönlicher Superstar? Nicole Kidman, Robbie Williams, Sarah Connor oder Madonna? Egal, sie haben alle keine Chance gegen die echte Nummer eins in Ihrem Leben: Ihren Partner!

DAS FOTOSHOOTING

Wie wär's mit einem professionellen Fotoshooting? Machen Sie Ihr persönliches Starfoto von Ihrem Liebling!

- Im Fotostudio: Engagieren Sie einen professionellen Fotografen und eine Visagistin, oder mieten Sie ein Fotostudio, und spielen Sie selbst den Fotografen.
- Zu Hause oder in freier Natur – suchen Sie sich ein filmreifes »Set«, vielleicht ein altes Fabrikgelände, ein malerisches historisches Gebäude oder ein dramatisches Naturdenkmal.

Informieren Sie sich vorher bei Freunden und in Fachzeitschriften und Büchern über Licht- und Schattenwirkung, Tiefenschärfe, Objektive, Lampen und Filter. Und dann legen Sie einfach los! Fotografieren Sie, was das Zeug hält! Lieber zu viel als zu wenig. Irgendeine Aufnahme wird den perfekten Moment einfangen. Probieren Sie alle möglichen Farb- und Lichtstimmungen aus. Fotografieren Sie in Schwarzweiß und in Farbe, im Hoch- und Breitformat. Passen Sie auch immer den Hintergrund dem jeweiligen Outfit an. Mit den neuen Digitalkameras und Speichermöglichkeiten können Sie später in Ruhe aussortieren und alles, was nichts taugt, ganz einfach wieder löschen.

DAS AUTOGRAMM

Wer sagt, dass nur Stars aus Film und Fernsehen Autogrammkarten haben? Lassen Sie beim Fotografen oder bei einer Druckerei von einem guten Porträtfoto Ihres Partners »Autogrammkarten« anfertigen. Mit einem weißen Feld ganz unten für die Unterschrift. Überreichen Sie den Stapel mit den Karten zusammen mit den Worten: »Für meinen einzigen und wahren Star!«

FANPOST

Schreiben Sie Ihrem Partner einen »Fanbrief« per Post mit der Bitte, Ihnen ein Autogramm zu geben. Legen Sie ein Foto von ihr/ihm und einen frankierten Briefumschlag für die Rücksendung bei, vielleicht auch noch einen Filzstift, mit dem man auf Fotopapier schreiben kann.

PAPARAZZI UND FANS

Laden Sie Ihren Partner nach einer bestandenen Prüfung, einer Beförderung oder an einem runden Geburtstag in ein Restaurant ein. Während das Dessert serviert wird , »stürmt« plötzlich eine lärmende Gruppe das Restaurant und belagert Ihren Tisch. Auf den ersten Blick sind es Fernseh- und Zeitungsreporter, Pressefotografen.

Unter Blitzlichtgewitter stellt ein Reporter Ihrem Partner Fragen wie: »Wie kam es, dass Sie die Prüfung geschafft haben?«, »Was gedenken Sie jetzt zu tun, welche Pläne haben Sie für die Zukunft?«, »Wie schafft man es, in Ihrem Alter so jung auszusehen?« Unter die lärmenden Paparazzi mischen sich auch noch nervige Autogrammjäger und mit Zetteln und Kugelschreibern bewaffnete Fans ...

Spätestens jetzt merkt Ihr Partner, dass es sich bei dem »Überfall« um (von Ihnen engagierte) Kollegen, Freunde und deren Kinder handelt, die ihm diesen Streich gespielt haben.

MISSION POSSIBLE À LA HOLLYWOOD
DIESER JAHRESTAG WIRD ES IN SICH HABEN!

Zunächst laden Sie Ihren Partner in ein edles Restaurant ein. Dann entschuldigen Sie sich nach der Nachspeise für einen Moment und verschwinden. Sobald er unruhig wird, kommt die Bedienung und bringt ihm einen Zettel mit folgender Botschaft:

»Herzlichen Glückwunsch zu Ihrem Jahrestag! Mit diesem Schreiben informieren wir Sie, dass Ihr Glücksabenteuer soeben begonnen hat. Sollten Sie einwilligen, wird nun die Suche nach Ihrer verschwundenen Partnerin beginnen. Sie ist wohlauf und wird Sie am Ende Ihrer Odyssee auf außergewöhnliche Weise belohnen. Ihr Essen ist übrigens bereits bezahlt. Verlassen Sie nun den Tisch. Der nächste Hinweis erwartet Sie am Eingang dieses Restaurants. Danke!«

Am Eingang steht bereits ein Fahrer. Er hält den Schlüssel zu einer (Stretch-)Limousine in den Händen. Dort wird er Sie bitten, Platz zu nehmen. Der Wagen ist innen mit bunten Luftballons oder Rosenblättern geschmückt, und es erklingt klassische Musik. Auf dem Sitz liegt ein weiterer Brief, mit dem Hinweis, dass es nun durch die halbe Stadt gehe und er sich einfach überraschen lassen solle. Zuvor aber macht der Wagen an einem Kiosk halt, in dem er eine (vorher eigens für diesen Zweck am Computer gedruckte) Extraausgabe der Tageszeitung überreicht bekommt: Die Schlagzeile: »Franziska seit genau drei Jahren mit Robert zusammen! Die Welt gratuliert!« Am Ziel der Fahrt können Sie ihn mit Kinokarten zu einem Agentenfilm empfangen oder aber zu Hause als Bondgirl auf ihn warten.

DIE NR. 1 DER CHARTS

Sind Sie musikalisch? Singen Sie gern, spielen Sie ein Instrument? Vielleicht sogar richtig gut? Wollten Sie nicht schon immer einmal einen Song oder eine CD aufnehmen? Möglicherweise sogar gemeinsam mit Ihrem Partner? Dann sollten Sie nicht länger nur davon träumen. Es ist eine tolle Erfahrung und macht Riesenspaß. Buchen Sie einen Termin in einem Tonstudio in der Nähe und besorgen sich vorher ein Playback. (Gibt's bei www.pocketsongs.com oder www.musicminusone.com. Eine CD mit ungefähr acht Liedern kostet etwa 20-50 Euro.) Eine Stunde im Tonstudio kostet 100-200 Euro.

Das CD-Cover können Sie aus einem schönen Foto von Ihnen beiden basteln, fast alle guten Brenn- und Grafikprogramme haben auch Gestaltungs-Software für CD-Cover. Sie können aber auch ganz nostalgisch mit Fotos, Klebebuchstaben, ausgeschnittenen Zeitschriftenschnipseln und Buntpapier basteln.

P.S.: Wenn Sie einfach nur mal eine »gute Scheibe« verschenken wollen, können Sie auch eine Schoko-CD in die Hülle packen.

KARAOKE

Trauen Sie sich, gemeinsam live vor Publikum zu singen? Machen Sie sich den Spaß im Urlaub! Dort, wo Sie keiner kennt und Sie sich nicht blamieren. Es muss ja nicht perfekt klingen. Es geht wirklich nur um das Erlebnis.

DIE OSCAR-VERSCHENKUNG

Kaufen Sie einen Oscar aus Kunststoff und überreichen Sie Ihrem Partner die Trophäe mit einem aufgeklebten Goldetikett. Dabei können Sie Ihre eigenen Kategorien erfinden: »Für die beste Hauptrolle in meinem Leben«, »Für die beste Kuss-Szene«, »Für Spezial-Effekte« oder »Für das beste Drehbuch meines Lebens«.

VISITENKARTEN

Lassen Sie exklusive und individuell gestaltete Visitenkarten für Ihren Partner anfertigen. Oder wie wäre es mit einer Visitenkarte mit Ihren beiden Namen?

DAS PORTRÄT

Lassen Sie von einem Künstler oder einem Kunststudenten eine liebevolle Karikatur oder ein lebensnahes Porträt malen oder zeichnen. Vielleicht auch im Stil eines bekannten Künstlers (Chagall, Monet, Warhol, Rembrandt oder van Gogh). Das ist unter Umständen nicht billig, aber ein Geschenk, das einem ein Leben lang bleibt. Daraus lässt sich später auch eine Grußkarte oder Kopie für liebe Verwandte und Freunde machen. Auf jeden Fall ist es ein Zeichen höchster Wertschätzung. Etwas, das im wahrsten Sinne »aus dem Rahmen fällt«.

SCHENKEN SIE EINEN STAR

So groß die Liebe vielleicht auch sein mag, oft gibt es heimliche Konkurrenten: Viele haben einen Lieblingsstar oder vielleicht sogar ein Idol. Früher hängte man sich den »Starschnitt« aus der Jugendzeitschrift »Bravo« an die Kinderzimmertüre: In jedem Heft gab es einen weiteren Teil des ersehnten Fotoposters eines Stars (in Lebensgröße!). Man fieberte der nächsten Ausgabe von

»Bravo« entgegen, bis man – mit einer letzten Hand, einem Fuß, einem Teil des Oberschenkels – den heiß geliebten Halbgott in Papier endlich komplett für sich hatte.

- Basteln Sie aus vielen einzelnen Fotos einen lebensgroßen Starschnitt von sich selbst – den kleben Sie dann gleich zusammen und hängen ihn an die Tür mit einem Zettel: »Ich möchte dein Superstar sein.«
- Doubles von Filmstars können Sie ab 500 Euro aufwärts über Agenturen anheuern. Zum Beispiel jemanden, der wie Pierce Brosnan oder Madonna aussieht. Für eine Party, aber auch privat für ein gemeinsames Foto.
- Besorgen Sie ein Autogramm! Am besten mit einer persönlichen Widmung. Hier ein paar Webseiten, auf denen Sie Autogrammadressen der Stars erhalten:
  www.bravo.de
  www.hollywoodusa.co.uk
  www.stararchive.com
- Besuchen Sie ein Popkonzert oder eine große Fernsehshow (Wetten, dass!).

COMIC-HELDEN

Lassen Sie einen Comic-Strip oder gleich ein ganzes Comic-Heft mit Ihrer gemeinsamen Lovestory von einem Profi (z. B. von einer Studentin an einer Kunsthochschule) zeichnen. Wenn Sie beide Filmfans sind, dann können Sie auch ein »Story-Board« zeichnen lassen. Es ähnelt einem Comic und dient Filmregisseuren dazu, die Handlung eines Spielfilms in aufeinanderfolgenden Skizzen vorab sehen zu können. Die Bilder sind meist in DIN-A4-Größe und werden von links nach rechts an die Wand gehängt.

NACHWORT VON ELMAR BARTEL

»Was du im Leben auch anfängst, tu es mit Liebe; so, wie du den kleinen Vorführraum unseres Kinos geliebt hast, als du noch ein kleiner Knirps warst.«

Aus CINEMA PARADISO

Als ich Nina Ruge vor mehr als zehn Jahren in der Mainzer ZDF-Kantine traf, ahnte ich nicht im Geringsten, dass wir einmal gemeinsam ein Buch schreiben würden. Wir gingen damals den Ablauf des Nachrichtenmagazins »heute Nacht« durch, das Nina zu jener Zeit täglich, besser gesagt nächtlich moderierte und bei dem ich Regie führte. Im Laufe unserer kurzen Unterhaltung sprachen wir auch darüber, dass die häufigen Spätdienste, wie sie der Studiobetrieb beim Fernsehen mit sich bringt, die Beziehung zu einem Lebenspartner ganz schön auf die Probe stellen können.

Die Frage ist doch: Wie kann man seine Partnerschaft nicht nur irgendwie am Leben erhalten, sondern immer wieder aufs Neue interessant, intensiv, munter, humorvoll und aufregend gestalten? Jeder von uns hatte schon oft darüber nachgedacht und – völlig unabhängig voneinander – bereits eine ganze Reihe von Ideen aufgeschnappt oder erdacht, um seinen jeweiligen Lieben zu Hause »romantisch zu überraschen«. Am Ende dieser netten Unterhaltung ermunterten wir uns noch gegenseitig, fleißig weiterzusammeln, um dann irgendwann einmal alles zusammenzutragen.

Aber wie das so ist: »Aus den Augen, aus dem Sinn.« Erst als ich vor einiger Zeit meinen absoluten Lieblingsfilm »Cinema Paradiso« wieder sah, kam ich auf die Idee, Nina Ruge eine E-Mail zu schreiben und sie vorsichtig zu fragen, ob es nicht vielleicht an der Zeit sei, all die vielen Aufzeichnungen endlich in einem Buch zu verewigen. Ihre Antwort kam prompt: »Wunderschöne Idee!!! Wann fangen wir an?«

Der oben erwähnte Film, »Cinema Paradiso« von Giuseppe Tornatore, ist zutiefst romantisch, sentimental und irgendwie herzerschütternd liebevoll. Gleichzeitig ist er eine Hommage an das große Kino von früher und verkörpert die Sehnsucht vieler Menschen nach der ganz großen Liebe. Der Streifen spielt Mitte des letzten Jahrhunderts in einem kleinen italienischen Ort. Der Junge Toto ist so vernarrt in Spielfilme, dass er sich in jeder freien Minute heimlich ins Dorfkino, das »Cinema Paradiso«, schleicht. Dort bringt er den alternden Filmvorführer Alfredo dazu, ihn von dessen Vorführraum aus alle Filme anschauen zu lassen. Der Dorfpfarrer sitzt ständig im Zuschauerraum, hebt den moralischen Zeigefinger und lässt Alfredo alle »unzüchtigen« Passagen aus den Filmen herausschneiden.

Am Ende des Films ist aus Toto ein berühmter Filmregisseur geworden. Als er nach vielen Jahren zur Beerdigung seines väterlichen Freundes Alfredo in sein Heimatdorf zurückkehrt, überreicht man ihm eine verrostete Filmdose: Alfredos Testament! Mit einem weinenden und einem lachenden Auge schaut sich Toto den Film an: Wir sehen mit ihm die unzähligen, damals herausgeschnittenen Kuss- und Liebesszenen, die der gute alte Alfredo für Toto aufgehoben und über die Jahre liebevoll aneinandergeklebt hat.

Als ich das sah, wurde mir plötzlich klar, dass wir alle immer wieder in Gefahr geraten, Zensur auszuüben. Wir klammern unbewusst die schönsten Szenen unseres Lebens aus und verschieben sie auf den Sankt Nimmerleinstag. Dabei gehören sie doch mitten in unseren Alltag, ins Jetzt! Schön verteilt und nicht als Abspann am Schluss. Kuss-Szenen haben in einer Konservendose einfach nichts zu suchen!

»Was du im Leben auch anfängst, tu es mit Liebe, so, wie du den kleinen Vorführraum unseres Kinos geliebt hast, als du noch ein kleiner Knirps warst!« Diesen Satz hatte Alfredo dem heranwachsenden Toto mit auf den Weg gegeben. Er steht stellvertretend für den Spielfilm »Cinema Paradiso« und für das Buch, das Sie gerade in Ihren Händen halten.

Denken Sie ab und zu an das große Kino, an all die romantischen Filme, die Ihnen wieder einfallen und die Ihnen so sehr gefallen haben! Sie machen es uns vor. Natürlich schenkt uns die Wirklichkeit selten ein einfaches Happy End. Außerdem soll es doch auch gar kein Ende geben, egal wie »happy« es wäre. Romantische, originelle, besinnliche, witzige, ja sogar umwerfend komische Szenen geschehen eben nicht nur im Studio und auf der Leinwand. Sie passieren uns selbst, wenn wir sie nur zulassen. Schauen wir uns doch um, seien wir mutig und bereit, immer mal wieder etwas von dem Zauber der Kinowelt in unser eigenes Leben, die eigene Partnerschaft zu holen.

So, nun sind Sie an der Reihe! Probieren Sie's doch einfach mal aus, je nach Stimmung und Laune! Achten Sie sensibel auf den richtigen Moment, kombinieren Sie die Ideen miteinander oder machen Sie etwas ganz Neues, Eigenes daraus! Ihrer Fantasie sind so gut wie keine Grenzen gesetzt. Mit anderen Worten: Überraschen Sie Ihre Partnerin, Ihren Partner mit Ihrem ganz persönlichen »Liebeszauber«!

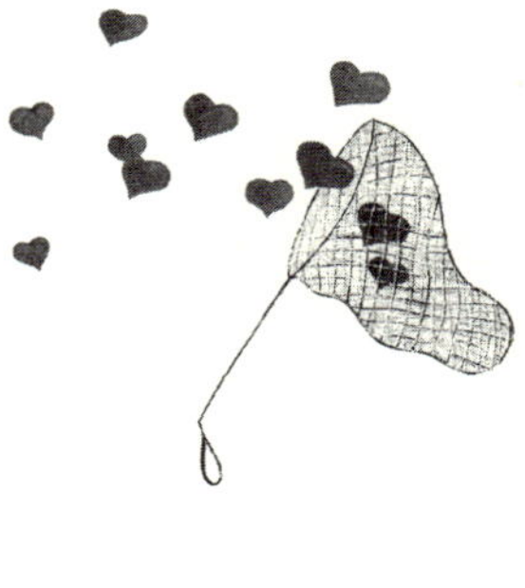

DANKSAGUNG

Die Arbeit an diesem Buch hat viel Spaß gemacht. Doch wäre es wahrscheinlich nie fertig geworden ohne die vielen »guten Geister«, denen wir unseren tiefen Dank schulden. Allen voran unseren Eltern. Unter anderem dafür, dass sie uns schon früh die Gelegenheit gaben, einen ausgeprägten Sinn für Romantik zu entwickeln. Gute Bücher, Theater, Filme und andere geheimnisvoll-romantische Orte gehörten immer mit dazu. Auch der amerikanische Buchautor und Psychologe Dr. Wayne Dyer (www.drwaynedyer.com) stand indirekt bei der Geburt dieses Buches Pate. Er weiß zwar nichts davon, doch hat er mit seiner Philosophie und seinem unverbesserlichen Optimismus den notwendigen Funken überspringen lassen, um ein solch ehrgeiziges Projekt überhaupt in Erwägung zu ziehen. Kaum jemand kann mehr über das Thema Zeit und den verantwortungsbewussten Umgang mit ihr sagen als Europas führender Zeitexperte, Professor Lothar Seiwert. Als renommierter Autor und Dozent, Leiter des Seiwert-Instituts Heidelberg (www.seiwert.de), vor allem aber als guter Freund, gab er den entscheidenden Anstoß, die Idee zu diesem Buch in die Tat umzusetzen. Ein Rezept für gute Laune und Romantik bekamen wir von keinem Geringeren als dem »bayerischen Tafeldecker und kulinarischen Intendanten« Gerd Käfer (www.feinkost-kaefer.de) serviert. Literaturagenten gibt es viele, aber nur einen Thomas Montasser! Er führte uns zielsicher zu den entscheidenden Ideen und Personen. Vor allem zu den überaus geduldigen und verständnisvollen Damen des Lübbe-Verlagshauses: Nicola Bartels und Anja Arendt. Und was wäre dieses Buch ohne die redaktionelle Mitarbeit von Lena Kögler, die ergänzenden Filmtipps von Andrea Better, die Recherche von Stephanie Bender und den großartigen Humor und die Argusaugen von Lutz Reimer. Last, but not least: Danke, liebe Ningning Wang – du bist ein wahrer Sonnenschein!

KÄFERS LIEBESMENÜ

www.feinkost-kaefer.de

»Bei allem, was die Welt bewegt, ist Essen und Trinken viel mehr als ein Luxus.« Dieser Satz stammt von Gerd Käfer, dem »Gourmetpapst« und Gründer der berühmten Käfer-Gastronomie. In nahezu fünfzig Jahren hat er die Ess- und Feierkultur im In- und Ausland wie kaum ein anderer verändert, zehntausende von Partys ausgerichtet, Lagerhallen in orientalische Märchenpaläste verwandelt. Man müsse immer wieder mit Qualität und Kreativität überraschen. Gesagt, getan: Der »Napoleon der Kochtöpfe« hat für uns ein exklusives romantisches Menü entworfen. Lassen Sie sich verführen!

VORSPEISE

KÄFERS LACHS-HIGHLIGHT

Für 2 Personen

Für die Reibekuchen:

200 g Festkochende Kartoffeln
1 Eigelb
1 TL Mehl
Salz, frisch geriebene Muskatnuss
2 EL Öl
10 g Butter

Außerdem:

4 EL fertiges Apfelkompott
1 EL frisch geriebener Meerrettich
150 g Käfers Räucherlachs, in dünne Scheiben geschnitten
einige Rucolablätter
1 hart gekochtes Ei
2 EL Schalottenwürfel
80 g Crème fraîche
Saft von 1 Limette
Salz, frisch gemahlener Pfeffer

- Die Kartoffeln auf der feinen Seite einer Rohkostreibe raspeln. Sofort mit Eigelb und Mehl verrühren und mit Salz und Muskat würzen.
- Öl und Butter in einer großen Antihaftpfanne erhitzen und die Kartoffelmasse in zwei Häufchen ins heiße Fett setzen. Die Häufchen flach drücken und auf beiden Seiten goldbraun und knusprig braten.
- Apfelmus und Meerrettich verrühren und die Reibekuchen damit bestreichen. Die Lachsscheiben und die gewaschenen Rucolablätter darauf verteilen. Dann das in Würfel geschnittene Ei und die Schalottenwürfel darüberstreuen.
- Crème fraîche mit Limettensaft, Salz und Pfeffer verrühren und darüberträufeln. Sofort servieren!

ZWISCHENGANG
PFIFFERLINGSUPPE

Für 2 Personen

Für die Suppe:
150 g frische, möglichst kleine Pfifferlinge
1–2 Schalotten
½ Knoblauchzehe
1 gehäutete Tomate
Petersilie und Schnittlauch
30 g Butter
½ Tl Mehl
4 EL Weißwein
200 ml Fleischbrühe
125 g Sahne

Für die Selleriecroutons:
2 dünne Scheiben geschälter Knollensellerie
2 El Öl

- Die Pfifferlinge sorgfältig putzen, wenn nötig kurz waschen und je nach Größe halbieren. Schalotten und Knoblauch schälen und in kleine Würfel schneiden. Tomate halbieren, entkernen, in kleine Würfel schneiden und beiseite legen. Petersilienblättchen abzupfen und fein hacken.

- Die Butter aufschäumen lassen, die Pilze, den Knoblauch und die Schalotten darin anbraten. Mit Mehl bestäuben und mit Weißwein ablöschen. Brühe und Sahne angießen, die gehackte Petersilie dazugeben und die Suppe bei schwacher Hitze sämig einkochen lassen.
- Die Selleriescheibe in winzig kleine Würfel schneiden. Öl in einer Pfanne erhitzen und die Croutons darin goldbraun und knusprig braten. Auf einem Sieb oder auf Küchenpapier abtropfen lassen.
- Die Pfifferlingsuppe auf zwei tiefe Teller verteilen. Mit Tomatenwürfeln, Selleriecroutons und Schnittlauchröllchen bestreut servieren.
- *Tipp:* Die Pilzsuppe schmeckt auch mit gemischten frischen Waldpilzen oder Steinpilzen sehr fein.

HAUPTGANG

HÄHNCHENBRUST AUF SÜSS-SAUREM GEMÜSE

Für 2 Personen

2 Hähnchenbrustfilets à ca. 150 g
Salz, frisch gemahlener Pfeffer
etwas Mehl
1 Ei
3–4 EL ungezuckerte Cornflakes
4 El Erdnussöl

Für das Gemüse:
3 Frühlingszwiebeln
1 Selleriestange
60 g Ananasfruchtfleisch
3 EL Erdnussöl
1 EL rote Zwiebelwürfel
½ fein gehackte Chilischote
etwas frische, geriebene Ingwerwurzel
1 TL frisches, gehacktes Koriandergrün
2 EL süßsaure Sauce
2 EL Sojasauce
2 EL frische Sojasprossen

- Das Hähnchenfleisch mit Salz und Pfeffer würzen. Erst in Mehl, dann im verquirlten Ei und zum Schluss in den zerbröselten Cornflakes wenden. Die Panade gut festdrücken.
- Geputzte Frühlingszwiebeln und Selleriestange sowie die Ananas in kleine Würfel schneiden.
- Das Öl in einer tiefen Pfanne erhitzen und die Gemüsewürfel darin andünsten. Die Zwiebelwürfel und die Ananas dazugeben und mit den angegebenen Zutaten würzen. Kurz köcheln lassen, die Sojasprossen untermischen und nur kurz erwärmen.
- Die Hähnchenbrustfilets im heißen Öl auf jeder Seite 5 bis 7 Minuten bei mittlerer Hitze knusprig braten. Auf dem Gemüse servieren.

DESSERT

CRÊPES MIT ÄPFELN UND CALVADOS

Für 2 Personen

Für den Crêpeteig:
50 g Mehl
1 Prise Salz
90 ml Milch
50 ml Mineralwasser (mit Kohlensäure)
20 g Zucker
20 g flüssige Butter
2 kleine Eier (Größe S)
Butterschmalz zum Braten

Außerdem:
2 kleine Äpfel (z.B. Boskop oder Cox Orange)
1 EL Zitronensaft
20 g Butterschmalz
2 EL Zucker
2 cl Calvados
Puderzucker zum Bestäuben
2 Kugeln Käfers Vanilleeis

- Die Zutaten für den Crêpeteig in einen hohen Rührbecher geben und mit dem Stabmixer rasch zu einem glatten Teig verquirlen. Etwa 30 Minuten quellen lassen.
- Die Äpfel schälen, halbieren und in kleine Würfel schneiden. Mit Zitronensaft beträufeln.
- Butterschmalz in einer Pfanne erhitzen und den Zucker darin leicht karamellisieren lassen. Die Apfelwürfel dazugeben und unter Schwenken der Pfanne goldgelb braten. Mit Calvados ablöschen und einkochen lassen.
- In einer kleinen, beschichteten Pfanne etwas Butterschmalz erhitzen und nacheinander 4 hauchdünne Crêppes backen.
- Die Crêpes mit Äpfeln füllen, zu einem Viertel zusammenklappen und auf zwei Tellern anrichten. Mit Puderzucker bestäuben und mit dem Vanilleeis servieren.

Alles Wissenswerte über Gerd Käfer finden Sie in seinem neuen Buch »Der Gourmet-Papst. Dienen ist mein Leben«, eine amüsante, humorvolle und frivol-erotische Rückschau auf das aufregende Leben des Gaumenverzauberers (erschienen im Redline Wirtschaftsverlag).

ZAUBERHAFTER NACHSCHLAG

[LIEBESZAUBER]

»Liebeszauber ist ein in der westlichen Kunst und Literatur wiederkehrendes Motiv, das an archaische Vorstellungen und Praktiken anknüpft, die bis in die Neuzeit, vereinzelt noch bis in die Gegenwart, lebendig blieben. Dabei wird der Begriff oft auch in Verbindung mit schwarzer Magie, Voodoozauber, Hexenkult und Dämonenbeschwörung verwendet.

Der Liebeszauber beruht auf der (unzutreffenden, weil nicht nachzuweisenden) Vorstellung, dass Menschen durch Verabreichung bestimmter, meist flüssiger Substanzen (Liebestrank, in der Antike Philtron) oder Anheften bestimmter Gegenstände (Amulette) veranlasst werden können, sich in einen anderen zu verlieben.

Beim Liebeszauber geht es um die Erzeugung eines echten Affekts bei der begehrten Person, nicht um die Steigerung der eigenen oder fremden sexuellen Potenz oder Genussfähigkeit, wie sie z. B. mit der Verwendung eines Aphrodisiakums angestrebt wird. Wissenschaftlich unumstritten ist, dass Geruchswahrnehmungen zum Beispiel in der Form von Pheromonen auch beim Menschen – oft unbewusste – Einflüsse ausüben können. Eine Technik, die sich bis heute beim Parfüm findet.

In Literatur und Kunst wird das Motiv des echten Liebeszaubers öfter aufgegriffen und zum Ausgangspunkt tragischer Fehlschläge und Verwicklungen gemacht.«

Aus Wikipedia

[ROMANTIK]

» (...) i.w.S. eine zum Gefühlvollen, Wunderbaren, Märchenhaften, und Fantastischen neigende Weltauffassung und -darstellung (...) «
Aus Brockhaus, Bd. 18 (20. Auflage), F.A. Brockhaus, Leipzig, 2001

»Der Begriff Romantik stammt vom altfranzösischen *romanz*, *romant* oder *roman* ab, welche alle Schriften bezeichneten, die in der Volkssprache verfasst wurden.

Romantik stellt nicht nur eine Epochenbezeichnung dar, sondern wird auch als epochenübergreifende Bezeichnung für Strömungen gegen klassische und realistische Literaturtheorien verwendet.

Von ›Roman‹ oder ›Romanze‹ wurde das Wort romantisch abgeleitet. Romantisch bedeutet etwas Sinnliches, Abenteuerliches, Wunderbares, Fantastisches, Schauriges, Abwendung von der Zivilisation und Hingabe zur Natur. Die Romantik als Epoche zeichnete sich durch romantisches Denken und romantische Poesie aus, z.B. Kritik an der Vernunft, Aufhebung der Trennung zwischen Philosophie, Literatur und Naturwissenschaft, Naturnähe, Erleben des Unbewussten.«
Aus Wikipedia

VERTRETER DER ROMANTIK

PHILOSOPHIE – Johann Gottlieb Fichte, Friedrich Wilhelm Joseph von Schelling

MUSIK (die als »Sprache jenseits der Sprache« typischste Ausdrucksform der Romantik) – Felix Mendelssohn Bartholdy, Hector Berlioz, Johannes Brahms, Hugo Wolf, Frédéric Chopin, Edvard Grieg, Johann Nepomuk Hummel, Franz Liszt, Modest Mussorgski, Franz Schubert, Robert Schumann, Richard Strauss, Hans Pfitzner, Pjotr Iljitsch Tschaikowsky, Richard Wagner,

Carl Maria von Weber, Gustav Mahler, Anton Bruckner, Niccolò Paganini

LITERATUR – Friedrich Hölderlin (der Begründer der romantischen Dichtung im deutschen Sprachraum), Ernst Moritz Arndt, Bettina von Arnim, Ludwig Achim von Arnim, August Ferdinand Bernhardi, Clemens Brentano, Adelbert von Chamisso, Joseph von Eichendorff, Friedrich de la Motte Fouqué, Joseph Görres, Jakob Grimm, Wilhelm Grimm, Karoline von Günderrode, Wilhelm Hauff, Heinrich Heine, E. T. A. Hoffmann, Isidorus Orientalis, Heinrich von Kleist, Ernst August Friedrich Klingemann, Sophie Mereau, Adam von Müller, Wilhelm Müller, Novalis, Jean Paul, Friedrich Schleiermacher, August Wilhelm von Schlegel, Friedrich von Schlegel, Ernst Schulze, Ludwig Tieck, Ludwig Uhland, Rahel Varnhagen, Dorothea Veit, Wilhelm Heinrich Wackenroder, Zacharias Werner, Karl Friedrich Gottlob Wetzel, Adam Mickiewicz, Juliusz Slowacki, Zygmunt Krasiński, Cyprian Kamil Norwid

MALEREI – Caspar David Friedrich, Eugène Delacroix, William Blake, Johann Heinrich Füssli, Philipp Otto Runge, Piotr Michałowski, Joseph Mallord William Turner, Walter Schliephacke. Ab den 1870er-Jahren gab es in der Malerei eine Strömung, die als Neoromantik bezeichnet wird. Zu ihr zählen u.a. Moritz von Schwind und der Historienmaler Julius Schnorr von Carolsfeld.

RELIGION – John Henry Newman, Mitbegründer der Oxford-Bewegung

TYPISCHE GATTUNGEN DER ROMANTIK

- Bildungs- und Entwicklungsroman
- Schauerroman
- Volkslied
- Sage
- Märchen/Kunstmärchen

»ICH LIEBE DICH« – IN 80 SPRACHEN DER WELT:

Afrikaans (Südafrika)	*Ek hejou liefe*
	Ek ins lief vir jou
Albanisch	*Une te dua*
	Te dashuroj
	Une te dua
Altägyptisch	
	Übe erá (er zu ihr)

	Übe erákh (sie zu ihm)
Arabisch	*Ana behibek (er zu ihr)*
	Ana behibak (sie zu ihm)
	Ana ahebik
	Ib'n hebbak
	Nhebuk (zu einer wichtigen Person)
Armenisch	*Yes kez guh seerem (westl. Dialekt)*
	Yes kez si'rumem (östl. Dialekt)
Äthiopisch	*Afgreki*
Bangladeshi	*Ami tomake walobashi*
Baskisch	*Nere maitea*
Brasilianisch	*Eu te amo (»eiu chee amu«)*
Bulgarisch	*Obicham te*
Burmesisch	*Nin ko nga chit ta / Chit pa te*
Chinesisch	*Ngo oi ney (Kantonesisch)*
	Wo ai ni (Mandarin)
	Wo ie ni
Dänisch	*Jeg elsker dig*
Elsässisch	*Ich hoan dich geer*

Englisch	*I love you*
Eskimo	*Nagligivget*
Esperanto	*Mi amas vin*
Estisch	*Mina amastan sind*
Quechua	*Cana munani*
Farsi (iranische Dialekte in Afghanistan und Pakistan)	*Tora dost daram*
Filipino	*Mahal ka ta* *Iniibit kita* *Mahal kita*
Finnisch	*Minä rakastan sinua*
Französisch	*Je t'aime*
Gebärdensprache	 *Mittel- und Ringfinger abknicken, Zeigefinger und kleinen Finger strecken, Daumen seitlich abspreizen, Handfläche nach vorne*
Georgisch	*Me schen mirq'var char*
Griechisch	*S'ayapo*
Hawaiianisch	*Aloha wau ia oe* *Aloha wau ia oe nui loa* *(Ich liebe dich sehr)*
Hebräisch	*Ani ohev otach (er zu ihr)* *Ani ohevet otcha (sie zu ihm)*
Holländisch	*Ik houd van jou*
Indianisch:	
Apache	*Sheth she~n zho~n (Nasallaute)*
Cheyenne	*Ne mohotatse*
Chickasaw	*Chi~holloli (Nasallaute)*
Navajo	*Ayor anosh'ni*
Sioux	*Techihhila*
Indisch (Hindi)	*Mai tumase pyar karata hun (er zu ihr)* *Mai tumase pyar karati hun (sie zu ihm)*

Indonesisch	*Saya cinta padamu*
	Saya cinta kamu
	Saya kasih saudari
Irisch	*Taim i' ngra leat*
Isländisch	*Eg elska thig*
Italienisch	*Ti amo*
Japanisch	*Ai shite imasu*
	Aishiteru
	Kimi o ai shiteru
	Chuu shiteyo
	Ore wa omae ga suki da
	Suki desu (am Anfang einer Beziehung)
Jiddisch	*Ikh hob dikh lib*
Kambodschanisch	*Kh_nhaum soro_lahn nhee_ah*
Katalonisch	*T'estimo*
Koreanisch	*Dangsinul saranghee yo*
	Saranghee
	Tangsinul sarang hayo
	Joahaeyo
Kreolisch	*Mi aime jou*
Kroatisch	*Volim te*
Kurdisch	*Es te ra hes dikim*
Lateinisch	*Amo te*
Libanesisch	*Bahibak*
Luo (Kenia)	*Aheri*
Letzeburgisch (Luxemburgisch)	*Ech hun dech gär*
Malay (Indonesisch)	*Saya cintakan kamu*
	Saya cinta pada mu
	Aku cinta mu
Marokkanisch	*Kanbhik*
Mazedonisch	*Te sakam (etwas mehr als »ich mag dich«)*
	Te ljubam (ich liebe dich sehr)
Norwegisch	*Eg elsker deg*
Persisch (Farsi)	*Du stet daram*

Philippinisch	*Mahal kita*
Polnisch	*Kocham Cie*
Portugiesisch	*Te amo*
Punjabi (Nordindien)	*Main tainu pyar kama*
Rumänisch	*Te iu besc*
Russisch	*Ya lyublyu tebya*
Schwedisch	*Jag alskar dig*
Schweizerdeutsch	*I lieb di/Ch'ha di gärn*
Serbokroatisch	*Volim te*
Singhalesisch	*Mama oyata arderyl*
Slowakisch	*Ljubim ta*
	Ljubim te
Spanisch	*Te amo (tiefe, echte Liebe)*
	Te quiero (ich will dich, Verlangen)
	Te adoro (ich verehre dich)
	Te deseo (ich begehre dich)
Swahili/Suhaeli (Afrika)	*Nakupenda*
Tahitianisch	*Ua here au ia oi*
	Ua here vau ia oe
Thai	*Khao raak thoe*
Tschechisch	*Miluji te*
Tunesisch	*Ha eh bak*
Türkisch	*Ben seni seviriuym*
	Seni seviyorum
Ungarisch	*Szerethlek*
Ukrainisch	*Ya tebe kokhayu*
Urdu (Pakistan)	*Mujge tumae mahabbat hai*
	Kam prem karthahai
Vietnamesisch	*Toi ye^u em*
	Anh ye^u em (er zu ihr)
	Em ye^u anh (sie zu ihm)
Walisisch	*Rwy'n dy garu di*
Zulu (Afrika)	*Mena tanda wena*
	Ngiyakuthanda

VOLLMONDKALENDER

Vollmonde 2007:

Mittwoch, 3.1.
Freitag, 2.2.
Samstag, 3.3.
Montag, 2.4.
Mittwoch, 2.5.
Freitag, 1.6.
Montag, 30.7.
Dienstag, 28.8.
Mittwoch, 26.9.
Freitag, 26.10.
Samstag, 24.11.
Montag, 24.12.

Vollmonde 2008:

Dienstag, 22.1.
Donnerstag, 21.2.
Freitag, 21.3.
Sonntag, 20.4.
Dienstag, 20.5.
Mittwoch, 18.6.
Freitag, 18.7.
Samstag, 16.8.
Montag, 15.9.
Dienstag, 14.10.
Donnerstag, 13.11.
Freitag, 12.12.

Vollmonde 2009:

Sonntag, 11.1.
Montag, 9.2.
Mittwoch, 11.3.
Donnerstag, 9.4.
Samstag, 9.5.
Sonntag, 7.6.
Dienstag, 7.7.
Donnerstag, 6.8.
Freitag, 4.9.
Sonntag, 4.10.
Montag, 2.11.
Donnerstag, 31.12.

Vollmonde 2010:

Samstag, 30.1.
Sonntag, 28.2.
Dienstag, 30.3.
Mittwoch, 28.4.
Donnerstag, 27.5.
Samstag, 26.6.
Montag, 26.7.
Dienstag, 24.8.
Donnerstag, 23.9.
Samstag, 23.10.
Sonntag, 21.11.
Dienstag, 21.12.

Vollmonde 2011:

Mittwoch, 19.1.
Freitag, 18.2.
Samstag, 19.3.
Montag, 18.4.
Dienstag, 17.5.
Mittwoch 15.6.
Freitag, 15.7.
Samstag, 13.8.
Montag, 12.9.
Mittwoch, 12.10.
Donnerstag, 10.11.
Samstag, 10.12.

NAMENSTAGE

Der Namenstag ist ein katholischer Brauch, ein Gedenktag für den heiligen Namenspatron. In manchen Gegenden der Welt war und ist dieser Tag noch immer wichtiger als der Geburtstag.

Schauen Sie in der nachfolgenden Liste nach, und suchen Sie den Namenstag Ihres Partners! Gefunden? Dann überraschen Sie ihn an seinem ganz persönlichen Ehrentag mit einer hübschen Glückwunschkarte, einem Blumenstrauß oder einem kleinen Geschenk.

(Übrigens bezieht sich diese Liste auf die Namenstage der katholischen Kirche im deutschen Sprachraum.)

A

Abel .... *1. August, 5. August, 9. Dezember*
Abraham .... *9. Oktober*
Achim .... *16. August*
Ada .... *4. Mai, 28. Juli*
Adalbert ..... *26. Februar, 23. April, 20. Juni, 26. November*
Adam .... *15. August, 24. Dezember*
Adelbert .... *24. Dezember*
Adele .... *24. Dezember*
Adelgund .... *30. Januar*
Adelheid .... *5. Februar, 16. Dezember*
Adrian ...... *9. Januar, 8. September*
Afra .... *7. August*
Agathe .... *5. Februar*
Agnes .... *21. Januar, 2. März*
Alban .... *21. Juni*
Albert .... *26. Januar, 19. September, 24. Oktober, 15. November, 26. November*
Albin .... *1. März, 22. Juni*
Alexander ..... *26. Februar, 3. Mai, 10. Juli*
Alexandra .... *21. März*
Alexis .... *17. Juli*
Alfons .... *1. August, 30. Oktober*
Alfred .... *2. Februar, 22. April, 19. Juli, 28. Oktober*
Alice .... *12. Juni, 16. Dezember*
Almut .... *1. März*
Alois .... *21. Juni, 1. September*
Altfrid .... *17. August*
Alwin .... *26. Mai*
Amadeus ..... *30. März, 30. August*
Ambrosius .... *7. Dezember*
Anastasia .... *25. Dezember*

Andrea .... *30. November*
André .... *30. November*
Andreas .... *13. Oktober, 10. November, 30. November*
Angela .... *4. Januar, 27. Januar, 30. März, 2. November*
Angelika .... *4. Januar, 28. März*
Angelina .... *10. Dezember*
Anita .... *26. Juli*
Anja .... *26. Juli*
Anna/Anne .... *9. Februar, 26. Juli*
Annegret .... *20. Juli*
Annette .... *26. Juli*
Anselm .... *21. April, 17. Oktober*
Ansgar .... *3. Februar*
Antje .... *26. Juli*
Anton .... *15. Januar, 17. Januar, 13. Juni*
Anton Maria .... *5. Juli*
Antonia .... *6. Mai*
Antonius .. *17. Januar, 12. Februar, 5. Juli, 4. September, 24. Oktober*
Ariane .... *17. September*
Armand .... *26. Oktober*
Armin .... *2. Juni*
Arno .... *13. Juli*
Arnold .... *15. Januar, 1. Mai, 18. Juli*
Arnulf .... *18. Juni, 18. Juli*
Arthur .. *20. Oktober, 1. November, 11. Dezember*
Asta .... *15. April*
Astrid .... *10. August*
August .... *28. Februar, 27. Mai*
Augustin .... *1. Mai, 26. Mai, 28. August*
Aurelia .... *15. Oktober*
Ava .... *7. Februar*
Axel .... *21. März, 3. Mai*

B

Balduin .... *21. August*
Babette .... *15. Juli*
Balthasar .... *6. Januar*
Barbara .... *4. Dezember*
Barnabas .... *11. Juni*
Bartholomäus ... *20. Mai, 23. Mai, 24. August*
Basilius .... *1. Januar, 2. Januar*
Beate .... *8. April, 29. Juli, 6. September*
Beatrix .... *2. Januar, 17. Januar, 12. März, 29. Juni, 29. Juli, 29. August*
Benedikt .... *12. Februar, 21. März, 4. April*
Benjamin . *31. März, 19. Dezember*
Benno .... *16. Juni, 28. Juli, 3. August, 13. Dezember*
Bernadette .. *18. Februar, 16. April*
Bernhard .... *13. Juni, 15. Juli, 12. Oktober, 5. November, 14. November*
Bernward .... *20. November*
Berta .... *1. Mai, 4. Juli, 28. November*
Berthilde .... *5. November*

Berthold .... *29. März, 27. Juli, 14. Dezember*
Bertram .... *10. Mai, 30. Juni, 10. Oktober*
Bertrand .... *16. Oktober*
Bettina .... *19. November*
Bianca .... *1. Dezember*
Birgitta .... *23. Juli, 8. Oktober*
Blanka .... *1. Dezember*
Bodo .... *2. Februar*
Bonifatius .... *19. Februar, 14. Mai, 5. Juni*
Boris .... *2. Mai, 7. Mai*
Brigitta .... *1. Februar, 8. Oktober*
Brunhilde .... *6. Oktober*
Bruno .... *14. Februar, 9. März, 14. Juli, 6. Oktober, 11. Oktober, 10. Dezember*
Burkhard ...... *18. Mai, 14. Oktober*

C

Cäcilie .... *22. November*
Camilla .... *3. März*
Carina .... *7. November*
Carlo .... *15. Dezember*
Carmen .... *16. Juli*
Caroline .... *4. November*
Carsten .... *14. Mai*
Catherine .... *31. Dezember*
Chantal .... *12. August*
Charles .... *1. Dezember*
Christa .... *4. Juni, 4. September*
Christian .... *4. Februar, 21. März, 14. Mai, 16. August, 3. November, 12. November, 4. Dezember*
Christiane .. *26. Juli, 15. Dezember*
Christina .... *15. Dezember, 24. Juli*
Christine .... *24. Juli, 6. November, 29. November*
Christoph .... *25. Juni, 24. Juli, 25. August*
Claudia .... *20. März, 18. Mai, 6. Juni, 18. August*
Claudius .... 6. Juni
Clemens .. *15. März, 23. November*
Clementine .... *21. Oktober*
Constanze .... *17. Februar, 18. Februar*
Cordula .... *22. Oktober*
Corinna .... *22. Oktober*
Cornelia .... *31. März*
Cornelius .... *16. September*
Corona .... *14. Mai*
Cyrill .... *18. März, 27. Juni*

D

Dagmar .... *24. Mai*
Dagobert .... *23. Dezember*
Daniel .... *21. Juli*
Daniela .... *21. Juli*
Daria .... *25. Oktober*
David .... *1. März, 26. Juni, 19. November, 11. Dezember, 29. Dezember*
Denise .... *6. Dezember*

Dennis ... *9. Oktober*
Désirée ... *8. Mai*
Detlev ... *23. November*
Diana ... *10. Juni*
Diego ... *13. November*
Dieter ... *2. Februar, 7. Juni, 9. Dezember*
Dietger ... *30. Oktober*
Diethard ... *10. Dezember*
Diethild ... *28. Juni*
Dietlinde ... *22. Januar*
Dietmar ... *2. Januar, 5. März, 6. März, 15. Mai, 18. Mai, 28. September*
Dietrich/Dirk ... *27. Januar, 29. April, 1. Juli, 9. Juli, 7. September, 27. September, 12. Dezember, 16. Dezember*
Dimitrios ... *26. Oktober*
Dolores ... *14. September*
Dominika ... *5. August*
Dominikus ... *9. März, 8. August*
Donald ... *15. Juli, 11. August*
Donatus ... *17. Februar, 30. Juni, 7. August*
Doris ... *6. Februar*
Dorothea ... *6. Februar, 25. Juni*

E

Eberhard ... *9. Januar, 24. Januar, 23. März, 17. April, 22. Juni, 22. Juli, 14. August*
Eckart ... *1. Juli*
Eckehard ... *28. Juni*
Edeltraud ... *23. Juni*
Edgar ... *8. Juli*
Edith ... *9. August, 16. September, 9. Dezember*
Edmund ... *20. November, 1. Dezember*
Edward, Eduard ... *5. Januar, 18. März, 13. Oktober*
Edwin ... *12. Oktober*
Egbert ... *24. April, 25. November*
Egon ... *15. Juli*
Ehrentrud ... *30. Juni*
Einhard ... *14. März*
Ekkehard ... *13. Februar*
Eleonora ... *27. Mai*
Eleonore ... *21. Februar, 25. Juni, 9. Juli*
Elias ... *24. März, 20. Juli*
Elfriede ... *20. Mai, 8. Dezember*
Elisabeth ... *20. Januar, 5. Februar, 28. Februar, 3. April, 18. Juni, 19. Juni, 4. Juli, 5. November, 19. November, 25. November*
Elke ... *16. Juli*
Elmar ... *22. März, 28. August*
Elvira ... *16. Juli, 25. August*
Emanuel ... *1. Oktober*
Emil ... *8. Februar, 22. Mai*
Emilia ... *22. Mai*
Emilie ... *5. Januar*
Emma ... *29. Juni, 3. Dezember*
Emmanuel ... *27. Februar*
Emmerich ... *2. September, 5. November*

Engelbert .... *10. April, 8. Juni, 10. Juli, 7. November*
Engelhard .... *12. März*
Ephraim .... *9. Juni*
Erasmus .... *2. Juni*
Erhard .... *8. Januar*
Erich .... *18. Juni, 10. Juli*
Erik .... *10. Juli*
Ernesta .... *14. April*
Ernestina .... *14. April*
Ernst .... *30. Juni, 13. Juli, 7. November*
Erwin .... *29. Mai, 25. April*
Esther .... *24. Mai*
Eugen .. *23. Januar, 2. Juni, 13. Juli*
Eugenia .... *26. September, 25. Dezember*
Euphemia .... *16. September*
Eusebius .... *2. August*
Eustachius .... *20. September*
Eva .... *4. Juni, 24. Dezember*
Ewald .... *3. Oktober*

F

Fabian .... *20. Januar*
Fabiola .... *27. Dezember*
Falko .... *20. Februar, 6. Juni*
Felicitas .... *23. November*
Felix .... *14. Januar, 18. Mai, 30. Mai, 12. Juli, 30. August, 20. November, 30. Dezember*
Felizitas .... *7. März*
Ferdinand .... *30. Mai, 5. Juni*
Florian .... *4. Mai*

Franz ... *8. September, 3. Dezember*
Franz von Assisi .... *4. Oktober*
Franziskus ..... *24. Januar, 2. April*
Franziska .... *6. März, 9. März, 14. Dezember*
Fridolin .... *5. März, 6. März*
Friedrich .... *3. März, 19. April, 8. Mai, 18. Juli, 29. November*
Frowein .... *27. März*

G

Gabriel .... *15. Januar, 24. März, 29. September*
Gabriele .... *24. Juli, 29. September*
Gallus .... *16. Oktober*
Gebhard .... *27. August*
Genovefa .... *3. Januar*
Georg .... *23. April, 7. Oktober*
Gerald .. *13. Oktober, 5. Dezember, 7. Dezember*
Gereon .... *10. Oktober*
Gerhard ...... *27. Januar, 23. April, 27. August, 24. September, 16. Oktober*
Gerhild .... *23. September*
Gerlinde .... *26. Februar*
Gerline .... 22. Mai
German .... *28. Mai, 31. Juli*
Gero .... *19. März, 29. Juni*
Gerold .... *19. April, 13. August, 7. Oktober*
Gertrud .... *6. Januar, 17. März, 13. August, 16. November, 17. November*

Gilbert .... *4. Februar, 6. August*
Gisbert .... *7. November*
Gisela .... *13. Februar, 7. Mai*
Gitta .... *1. Februar*
Goar .... *6. Juli*
Gottfried .... *13. Januar, 12. Oktober, 8. November*
Gotthard/Godehard .... *5. Mai*
Gottlieb .... *7. Juni, 3. November*
Gottschalk ..... *9. Februar, 7. Juni, 14. Juni*
Gratia .... *9. Juni*
Gregor .... *3. September, 2. Januar, 10. Januar, 12. Februar, 12. März, 25. Mai, 26. August, 4. November, 8. November*
Gudrun .... *8. Januar*
Guido .... *30. März, 4. Mai, 12. September*
Gundula .... *8. Januar, 6. Mai*
Gunther .... *8. Oktober, 28. November*
Günter/Gunter .... *9. Oktober*
Gustav .... *10. März*

H

Hanna .... *9. August*
Harald .... *27. Juni, 1. September, 1. November*
Hartmann .... *12. Dezember*
Hartmut .... *23. Januar*
Hartwig .... *14. Juni*
Hedwig .... *14. April, 16. Oktober*
Heidi .... *16. Dezember*
Heike .... *13. Juli, 15. Juli*
Heinrich ..... *8. Januar, 19. Januar, 23. Januar, 13. Juli, 18. Oktober, 20. Dezember*
Helena .... *18. August*
Helene .... *26. April, 31. Juli*
Helga ..... *7. Mai, 8. Juni, 11. Juni, 11. September*
Helmut .... *29. März*
Henri .... *20. September*
Herbert .... *16. März*
Heribert .... *16. März, 25. Mai, 30. August*
Hermann .... *7. April, 21. Mai, 31. Juli, 6. August, 24. September, 28. Dezember*
Hermine .... *9. Juli, 4. September*
Herta .... *12. April*
Herwig .... *5. Dezember*
Hieronymus .... *8. Februar, 30. September*
Hilda .... *12. Januar, 17. Oktober, 17. November*
Hildebrand .... *5. Juni*
Hildegard .... *17. September*
Hiltrud ...... *31. Mai, 17. November*
Hippolyt .... *13. August*
Holger .... *18. April*
Horst .... *13. Juli*
Hubert .... *30. Mai, 3. November*
Hugo .... *28. April, 29. April, 17. November*
Hulda .... *10. April*

Hyazinth .... *17. August*

I

Ida .... *24. Februar, 13. April, 4. September, 3. November, 26. November*

Ignatius .... *31. Juli*

Ignaz .... *31. Juli*

Igor .... *19. September*

Ingbert .... *22. Oktober*

Inge .... *30. Juli*

Ingeborg .... *30. Juli, 30. August*

Ingrid ..... *2. September, 9. Oktober*

Irene ..... *1. April, 3. April, 5. Mai, 18. September*

Iris .... *4. September*

Irma .... *19. Februar*

Irmgard .. *19. Februar, 24. Februar, 20. März, 16. Juli, 4. September, 14. September*

Irmina .... *3. Januar*

Isabella .... *22. Februar, 23. Februar*

Isidor .... *4. April, 15. Mai*

Isolde .... *6. April*

Ivette .... *13. Januar*

Ivo .... *19. Mai, 23. Dezember*

Ilona .... *18. August*

J

Jacqueline .... *25. Juli*

Jakob .... *20. Januar, 4. Februar, 11. Mai, 25. Juli, 2. Oktober, 10. Oktober, 11. Oktober*

Jakobus .... *3. Mai, 23. Oktober*

Jana .... *24. Mai*

Jean .... *19. Oktober*

Jeanette .... *30. Mai*

Jens .... *24. Juni*

Jeremia .... *1. Mai*

Jessica .... *12. September*

Joachim .... *11. Mai, 26. Juli, 16. August*

Jobst, Jost, Jodok ... *13. Dezember*

Joel (Joël) .... *13. Juli*

Jörg .... *23. April*

Johann .... *7. Januar, 20. Mai, 15. August*

Johanna .... *4. Februar, 12. Mai, 30. Mai, 12. August, 12. Dezember*

Johannes ...... *31. Januar, 7. März, 8. März, 17. März, 16. Mai, 18. Mai, 24. Juni, 26. Juni, 9. Juli, 12. Juli, 4. August, 12. August, 19. August, 29. August, 13. September, 9. Oktober, 23. Oktober, 3. November, 8. November, 21. November, 24. November, 26. November, 2. Dezember, 4. Dezember, 14. Dezember, 23. Dezember, 27. Dezember*

John .... *22. Juni*

Jolanda .... *17. Dezember*

Jonas .... *21. September*

Josef .... *28. Januar, 25. August, 11. September, 15. September*

Josefa .... *14. Februar*

Joseph ... *19. März*

Josephine ... *26. Oktober*

Judith ... *29. Juni, 7. September*

Julia ... *12. April, 22. Mai, 16. September, 28. Dezember*

Julian ... *9. Januar, 27. Januar, 9. Februar, 19. Februar*

Juliana ... *16. Februar, 5. April*

Juliane ... *5. April, 19. Juni, 7. August*

Julius ... *12. April, 20. Dezember*

Justin ... *1. Juni*

Jutta ... *25. März, 5. Mai, 17. August, 29. November, 22. Dezember*

Jürgen ... *23. April*

K

Kai ... *22. April*

Karin ... *30. April*

Karl ... *28. Januar, 29. Januar, 2. März, 3. Juni, 12. August, 24. August, 4. November*

Karoline ... *28. Januar*

Karsten ... *14. Mai*

Kasimir ... *4. März*

Kaspar ... *6. Januar, 26. September*

Katharina ... *24. März, 29. April, 25. November*

Kerstin ... *24. Juli*

Kilian ... *8. Juli*

Klara ... *8. Mai, 11. August, 21. Oktober*

Klaus .. *10. September, 6. Dezember*

Klemens .. *15. März, 23. November*

Klothilde ... *3. Juni*

Knud ... *7. Januar*

Knut ... *10. Juli*

Konrad ... *15. Januar, 17. März, 4. April, 20. April, 2. Mai, 19. Mai, 26. November, 19. Dezember*

Konstantin ... *21. Mai*

Konstanze ... *18. Februar, 25. Februar*

Korbinian ... *9. September, 20. November*

Kornelia ... *31. März*

Kornelius ... *16. September*

Kreszentia ... *5. April*

Krispin ... *25. Oktober*

Kunibert ... *12. November*

Kunigunde ... *13. Juli, 3. März, 24. Juli*

Kuno ... *19. Mai*

Kurt ... *21. April*

Kyra ... 5. Juli

L

Laetizia ... *5. Juli, 22. August*

Lambert ... *9. Februar, 17. September, 18. September*

Larissa ... *26. März*

Laurentius ... *21. Juli, 10. August*

Lea ... *22. März*

Leander ... *13. März*

Leo ... *19. April, 12. Juni, 10. November*

Leonhard .... *6. November*
Leopold .... *15. November*
Linus .... *23. September*
Lioba .... *28. September*
Lorenz .... *10. August*
Lothar .... *15. Juni, 29. Dezember,*
.... *30. Dezember*
Louise .... *15. März*
Lucia .... *13. Dezember*
Lucius .... *2. Dezember*
Ludger .... *26. März*
Ludmilla .... *15. September*
Ludwig .. *25. August, 11. September,*
23. Oktober, 25. Oktober
Luise .... *15. März, 24. Juli,*
17. Oktober
Luitgard .... *16. Juni*
Luitpold .... *1. November*
Lukas .... *18. Oktober*
Lutz .... *19. August*
Lydia .... *3. August*

M

Magdalena .... *22. Juli*
Magnus .... *6. September*
Malachias .... *3. November*
Manfred .... *28. Januar*
Manuela .... *1. Januar*
Marcel .... *16. Januar*
Marcella .... *31. Januar*
Margareta ... *22. Februar, 10. Juni,*
16. Oktober, 16. November
Margarete .... *20. Juli, 26. August,*
29. Oktober
Margit .... *20. Juli*
Margot ...... *10. Juni, 30. Dezember*
Maria .... *an allen Marienfesten,*
30. Januar, 2. Februar,
3. Februar, 11. Februar, 8. Juni,
6. Juli, 22. Juli, 12. September
Maria Anna .... *26. Mai*
Maria Theresia .... *5. September*
Marian ... *24. April, 22. Dezember*
Marianna .... *26. Mai*
Marianne . *26. Mai, 12. September*
Mariella .... *24. November*
Marina .... *17. Juli*
Mario .... *19. Januar*
Marion .... *12. September*
Marius .... *19. Januar*
Marko (Markward) . *27. Februar*
Markus .... *25. April, 18. Juni,*
13. August, 7. September
Markward .... *27. Februar*
Marlene .... *22. Juli*
Marquard .... *27. Februar*
Martha .... *19. Januar, 29. Juli*
Martin ..... *13. April, 3. November,*
11. November
Martina .... *30. Januar*
Mathilde .... *14. März*
Matthäus .... *21. September*
Matthias .... *24. Februar*
Maurus .... *15. Januar*
Maximilian .... *14. August,*
21. August, 12. Oktober
Mechthild .. *26. Februar, 6. März,*
31. Mai, 15. August, 19. November

Meinhard .... *14. August*
Meinrad .... *21. Januar, 14. Juni*
Melanie .... *31. Dezember*
Melchior .. *6. Januar, 7. September*
Melitta .... *15. September*
Mercedes .... *24. September*
Michael ... *8. März, 29. September*
Michaela .... *24. August*
Milan .... *14. November*
Mildred .... *13. Juli*
Miriam .... *26. August*
Monika .... *27. August, 4. Mai*
Moritz .... *22. September*
Moses .... *7. Februar*

N

Nadine .... *12. September*
Natalie .... *27. Juli, 1. Dezember*
Nicole .... *6. Dezember*
Niels .... *25. November*
Nikolaus .... *11. August,*
10. September, 25. September,
13. November
Nikolaus von Myra
(Hl. Nikolaus) .... *6. Dezember*
Nina .... *8. Mai, 15. Dezember*
Noah .... *16. Dezember*
Norbert .... *6. Juni*
Notker . *6. April, 7. Mai, 28. Juni*

O

Oda .... *27. November*
Odo .... *2. Juni, 7. Juli,*
18. November
Olaf .... *29. Juli*
Olga .... *11. Juli, 21. Juli*
Oliver .... *10. Juli, 11. Juli*
Olivia .... *10. Juni*
Oskar .... *3. Februar*
Oswald ... *29. Februar/28. Februar,*
1. März, 5. August
Otmar .... *9. September,*
16. November
Ottilie .... *18. Juli, 13. Dezember*
Otto .... *23. Februar, 23. März,*
30. Juni, 2. Juli,
7. September, 28. Dezember

P

Pamela .... *16. Februar*
Pankratius .... *12. Mai*
Pascal .... *17. Mai*
Patricia .... *13. März, 25. August*
Patrick .... *17. März*
Paul .... *6. Februar, 19. Oktober*
Paula .... *20. Januar, 25. Januar,*
3. Juni
Pauline .... *13. März, 30. April*
Paulus .... *10. Januar, 13. April,*
26. Juni
Peter .... *23. Juni, 21. Dezember*
Peter (hl. Petrus) .... *29. Juni*
Petra .... *29. Juni*
Petrus .... *21. Februar, 27. April,*
2. Juni, 2. Juli, 30. Juli,
1. August, 25. September,
19. Oktober, 9. Dezember,
19. Dezember

Philipp .... *8. Februar, 3. Mai,*
.... *26. Mai, 18. Dezember*
Pia .... *6. Januar, 19. Januar*
Pierre .... *28. April, 9. Dezember*
Pirmin .... *3. November*
Pius .... *15. März, 30. April,*
21. August
Placido .... *5. Oktober*
Prisca .... *18. Januar*

Q

Quentin .... *31. Oktober*
Quintin .... *31. Oktober*
Quirin .... *4. Juni, 16. Juni,*
11. Oktober

R

Rachel .... *8. Mai*
Raimund .... *7. Januar, 23. Januar,*
7. Juni, 31. August
Rainer .... *17. Juni, 4. August*
Ralf .... *21. Juni*
Raphael .... *29. September*
Raphaela .... *6. Januar*
Ratbert .... *26. April*
Rebekka .... *23. März, 30. August,*
.... *12. September*
Regina .... *18. Januar, 1. Juni,*
22. August, 7. September,
20. Dezember
Regine .... *10. Mai*
Reiner .... *14. Januar, 11. April*
Reinhard .... *9. März, 7. März,*
4. November
Reinhild .... *13. Februar, 30. Mai*
Reinhold .... *7. Januar*
Renate .... *22. Mai*
René .... *6. Oktober*
Reto .... *19. Juni*
Richard .... *7. Februar, 3. April,*
21. Dezember
Richardis .... *18. September*
Rita .... *22. Mai*
Robert .... *26. Januar, 27. März,*
29. April, 7. Juni,
17. September
Rochus .... *16. August*
Roger .... *4. Januar, 1. März,*
15. Oktober
Roland .... *13. Mai, 14. Juli,*
15. September, 9. November
Roman ...... *28. Februar, 9. August*
Romuald .... *19. Juni*
Ronald .... *20. August*
Rosa ...... *23. August, 4. September,*
7. Oktober
Rosamunde .... *11. März*
Rosemarie .... *4. September*
Rosina .... *11. März*
Roswitha .. *29. April, 5. September*
Rotrud .... *23. September*
Rüdiger .... *1. März, 16. März*
Rudolf .... *17. April, 15. Juli,*
6. November
Rupert .... *4. März, 27. März,*
15. Mai, 15. August,
24. September, 1. November
Ruth .... *1. September*

S

Sabina .... *8. Dezember*
Sabine ...... *29. August, 27. Oktober*
Salome .... *22. Oktober*
Samuel .... *20. August*
Sara .... *13. Juli, 9. Oktober*
Sascha .... *3. Mai*
Sebald .... *19. August*
Sebastian .... *20. Januar*
Serena .... *30. Januar*
Servatius .... *13. Mai*
Severin ...... *8. Januar, 23. Oktober*
Sibylle .... *18. März 8. Oktober, 9. Oktober*
Siegbert .... *1. Februar*
Siegfried .... *15. Februar, 22. August*
Sieglinde .... *24. Juli*
Sigismund .... *1. Mai, 2. Mai*
Sigrid .... *7. Januar, 4. Mai, 22. Juni*
Sigurd .... *1. November*
Silke .... *7. Mai*
Silvana .... *28. Februar*
Silvester .... *31. Dezember*
Silvia .... *3. November*
Simon .... *18. Februar, 28. Oktober*
Simpert .... *13. Oktober*
Sixtus .... *6. April*
Sonja .... *15. Mai*
Sophia .... *15. Mai*
Sophie .... *15. Mai, 3. September, 30. September*
Stanislaus .... *11. April, 7. Mai, 5. August*
Stefanie .... *26. März*
Stefan .... *26. Januar, 2. Februar, 2. Juni, 16. August, 26. Dezember*
Stephanie .... *26. Dezember*
Susanne .... *24. Mai, 11. August*
Sven .... *4. September*

T

Tamara .... *29. Dezember*
Tanja .... *12. Januar*
Tassilo .... *11. Dezember*
Tatjana .... *12. Januar*
Thea .... *25. Juli*
Thekla .... *23. September, 28. September*
Theo .... *11. Januar*
Theobald .... *16. Januar, 30. Juni, 1. Juli, 8. Juli, 6. September*
Theodor .... *16. August, 19. September, 9. November*
Therese .... *15. Oktober*
Theresia .... *30. September*
Thilo .... *27. September*
Thomas .... *28. Januar, 22. Juni, 3. Juli, 25. Juli, 22. September, 29. Dezember*
Tillmann .... *16. Januar*
Tim .... *25. Januar*
Timotheus .... *23. August*
Tobias .... *3. März, 13. September*

U

Udo .... *3. Oktober*
Ulrich ...... *16. Januar, 26. Februar, 11. März, 8. Mai, 14. Juli, 1. August*
Ulrike .... *8. Mai, 4. Juli*
Urban .... *25. Mai, 19. Dezember*
Urs .... *30. September*
Ursula ...... *20. Januar, 21. Oktober*
Uwe .... *4. Juli*

V

Valentin ..... *7. Januar, 14. Februar*
Valeria .... *4. Mai, 20. Mai*
Valerie .... *9. Dezember*
Veit .... *15. Juni*
Vera .... *24. Januar*
Verena .... *1. September*
Veronika .... *4. Februar, 27. Februar, 9. Juli*
Viktor .. *30. September, 10. Oktober*
Viktoria .... *11. Februar, 6. Mai, 17. November, 23. Dezember*
Vinzenz .... *22. Januar, 5. April, 27. September*
Viola .... *3. Mai*
Virginia .... *7. Januar*
Vladimir .... *24. Mai*
Volker .... *7. März*
Volkmar .... *9. Mai*

W

Walburga .... *25. Februar, 4. März*
Waldemar .... *15. Juli*
Walter .... *22. Januar, 8. April, 17. Mai*
Waltraud .... *9. April*
Wendelin .... *20. Oktober*
Wenzel .... *28. September*
Werner .... *11. Januar, 19. April, 4. Juni, 1. Oktober*
Wilfried .... *24. April, 28. April*
Wilhelm ..... *1. Januar, 10. Januar, 10. Februar, 28. März, 20. April, 28. Mai, 4. Juli, 5. Juli, 13. November*
Winfried .... *5. Juni*
Winifred .... *3. November*
Wolfgang .... *23. März, 31. Oktober*
Wolfhard .... *30. April, 27. Oktober*
Wolfram .... *20. März*

X

Xaver .... *3. Dezember*

Y

Yvonne .... *23. Dezember*

Z

Zacharias .... *15. März, 5. November*
Zeno .... *12. April*
Zita .... *27. April*
Zoe .... *14. Januar*

DIE ROMANTISCHSTEN SONGS DER WELT
(eine persönliche Auswahl)

MUSIK ZUM TRÄUMEN, TANZEN UND KUSCHELN

Zugegeben, in der folgenden Song-Liste finden Sie so einige Hits, die heute nicht mehr »up to date« sind. Doch die meisten von ihnen standen einmal für lange Zeit weltweit ganz oben in den Charts.

Vielleicht besitzen Sie ja sogar die eine oder andere Schallplatte (heute heißen sie »Vinyl« und feiern in Liebhaberkreisen ein Comeback, nicht nur in der Disco- und Rapper-Szene) mit einem guten alten Song? Ein prima Grund, Ihren verstaubten Plattenspieler nach so vielen Jahren zu reaktivieren. Das Knistern solch einer Scheibe kann übrigens sehr romantisch sein.

Schwelgen Sie in Erinnerungen! Oder lassen Sie neue entstehen, indem Sie die schönsten Momente zu zweit mit Ihrer ganz persönlichen »Filmmusik« untermalen. Hier unsere Vorschläge dazu: (Reinhören unter: www.apple.com/de/itunes oder www.amazon.de)

A

A Whiter Shade Of Pale .... Moody Blues
A Summer Place .... Orchester Percy Faith
Adagio .... Lara Fabian
Almaz .... Randy Crawford
Always And Forever .... Heartwave
All For Love .... Bryan Adams, Rod Steward & Sting
All I Need Is You .... David Sanborn
Amor, amor, amor .... Luis Miguel
And I Love You So .... The Beatles
And Where Are You Now? .... Samantha Sang
Angels .... Robbie Williams

Another Day In Paradise .... Phil Collins
Arthur's Theme .... Christopher Cross
As Time Goes By .... (aus CASABLANCA) Barbra Streisand

B

Baby Come To Me .... James Ingram and Patti Austin
Be Here To Love Me .... Norah Jones
Beauty And The Beast .... Celine Dion
Beguin The Beguin .... Julio Iglesias
Because You Loved Me .... Celine Dion
Bei dir war es immer so schön .... Manfred Krug u. v. a.
Beyond The Sea .... Bobby Darin/Michael Bublé/Robbie Williams
Blue Eyes .... Elton John
Blue Moon .... Andy Williams u. v. a.
Blue Velvet .... The Everly Brothers
Bridge Over Troubled Water .... Simon and Garfunkel

C

Call Me Irresponsible .... Bobby Darin
Call On Me .... Steve Winwood
Can't Fight This Feeling .... Reo Speedwagon
Cherish .... Cool and the Gang
Ciao, ciao, bambina .... Domenico Modugno
Close To You .... The Carpenters
Come Away With Me .... Norah Jones
Concerto de Aranjues .... André Segovia

D

Dass ich eine Schneeflocke wär .... Veronika Fischer
Der einsame Schäfer .... Zamfir
Der Sommerwind .... Frank Sinatra
Der Pate .... (Filmmusik, Nino Rota)
Diana .... Paul Anka
Dindi .... Antonio Carlos Jobim

E

Et maitenent ... Gilbert Bécaud
Earth Angel ... The Penguins
El condor pasa ... Simon and Garfunkel
Embrace Me ... Linda Ronstadt
Es kommt auf die Sekunde an ... Johannes Heesters
Es war einmal in Amerika ... Ennio Morricone
Eternal Flame ... Bangles
Everything I Do ... Bryan Adams
Every Time You Go Away ... Paul Young
Experience ... Diana Ross

F

Feeling Good ... Michael Bublé
Feelings ... Albert Morris, Zamfir
Fields Of Gold ... Sting
Flugzeuge im Bauch ... Herbert Grönemeyer
For The Good Times ... Ray Price
Forever in Love ... Kenny G.
Forrest Gump ... (Filmmusik)
Fragile ... Sting
Frühstück bei Tiffany ... Henry Mancini
Für Elise ... Richard Claydermann

G

Galbi ... Ofra Haza
Georgia ... Ray Charles
Guilty ... Barbra Streisand & Barry Gibb

H

Have I Told You Lately ... Rod Steward
Heaven ... Fred Astaire
Heaven Help Me ... Deon Estus, George Michael
Hello ... Lionel Richie

Here And Now .... Luther Vandross
Home .... Michael Bublé
Honesty .... Billy Joel
Honey .... Bobby Goldsborrow
How Deep Is Your Love .... Bee Gees
How Do You Talk .... The Heights

I

I Am Sailing .... Rod Steward
I Can't Live A Day Without You .... Oleta Adams
I Honestly Love You .... Olivia Newton John
I Can't Live If Living Is Without You .... Mariah Carey (L)
I've Got You Under My Skin .... Frank Sinatra
I Just Called To Say I love You .... Stevie Wonder
I Left My Heart In San Francisco .... Tony Bennet
I Love You Like Crazy .... Natalie Cole
I Need Love .... LL Cool J!
I Swear .... Michael Montgomery
I Will Always Love You .... Whitney Houston
I Will Be Over You .... Toto
I Won't Last A Day Without You .... The Carpenters
I'll Always Love You .... Taylor Dayne
If .... Telly Savallas
If You Leave Me Now .... Chicago
Imagine .... John Lennon
Iris .... Goo Goo Dolls
It Had To Be You .... Harry Connick
(aus dem Film HARRY UND SALLY)
It's Impossible .... Vicky Carr
It's Not Unusual .... Tom Jones

J

Je t'aime .... Jane Birkin und Serge Gainsbourg
Joe Le Taxi .... Vanessa Paradis

K

Kann denn Liebe Sünde sein? .... Zarah Leander
Karma Chameleon .... Boy George & Culture Club
Killing Me Softly .... Roberta Flack

L

La vie en rose .... Edith Piaf, Grace Jones
Lady In Red .... Chris de Burgh
Lady Love .... Lou Rawls
Lady .... Kenny Rogers, Lenny Kravitz
Lambada .... Kaoma
Laura .... Frank Sinatra
Let's Make A Night To Remember .... Bryan Adams
Little Lies .... Fleetwood Mac
Love Is Blue .... Jeff Beck
Love Me Tender .... Elvis Presley
Love Story .... Francis Lai (Filmmusik)
Love Unlimited .... Barry White
Lush Life .... Linda Ronstadt

M

Mandy .... Barry Manilow
Massachusetts .... The Bee Gees
Michele .... The Beatles/The Singers Unlimited
Misty .... Frank Sinatra
Moon River .... Andy Williams
Mon Amour .... Frank Pourcel, Zamfir
Mon Amour, mon Ami .... Marie Laforet
Mrs. Robinson .... Simon and Garfunkel
My Baby Don't Care For Me .... Nina Simone
My Heart Will Go On .... Celine Dion
My Romance .... Ella Fitzgerald
My Way .... Frank Sinatra

N

Nie zuvor .... Electra
Night And Day .... Frank Sinatra
Nights In White Satin .... Moody Blues
Nothing's Gonna Change My Love .... Glenn Medeiros

O

One For My Baby .... Frank Sinatra
One Moment In Time .... Whitney Houston
One More Try .... Timmy T
Our Day Will Come .... Ruby and the Romantics, The Carpenters
Oxygen .... Jean Michele Jarre

P

Paradise .... Sade
Please Forgive Me .... David Gray
Power Of Love .... Huey Lewis and the News

Q

Que Será .... José Feliciano
Que será, será .... Doris Day
Quiet Nights And Quiet Stars .... Antonio Carlos Jobim

R

Raindrops Keep Falling On My Head .... Burt Bacharach
Rent .... Pet Shop Boys
Rocksteady .... Remy Shand

S

Save The Last Dance For Me .... Michael Bublé
Sealed With A Kiss .... Jason Donovan
Senza una donna .... Zucchero & Paul Young
She Loves You .... The Beatles
Siebzehn Jahr, blondes Haar .... Udo Jürgens

Sign Your Name .... Terence Trent D'Arby
Smoke Gets In Your Eyes .... Ray Charles, The Platters
Solamente una vez .... Luis Miguel
Something .... Shirley Bassey/The Beatles
Something Stupid .... Nancy Sinatra mit Frank Sinatra, Nicole Kidman mit Robbie Williams
Somewhere Out There .... (aus dem Film FEIVEL DER MAUSWANDERER)
Songbird .... Kenny G.
Sorry Seems To Be The Hardest Word .... Elton John
Sotis Volanis .... Poso Mou Leipei
Sugar Baby Love .... The Rubettes
Spanish Eyes .... Julio Iglesias & Willy Nelson
Spiel mir das Lied vom Tod .... Ennio Morricone
Stand By Me .... Ben E. King
Stardust Melody .... Nat King Cole
Strangers In The Night .... Frank Sinatra
Summer Of 42 .... Michel Legrand
Suzanna .... Art Company

T

Tell It To My Heart .... Taylor Dayne
That's Amore .... Martin Dean
That's What Friends Are For .... Dionne Warwick
That's What Love Is For .... Amy Grant
The Girl From Ipanema .... Antonio Carlos Jobim/Stan Getz/ Astrud Gilberto
The Greatest Love .... Whitney Houston
The Last Night Of The World .... Lou Rawls (aus dem Musical MISS SAIGON)
The Last Waltz .... Engelbert
The Look Of Love .... Diane Krall
The Year Of The Cat .... Moody Blues/Al Steward
The Top Of The Word .... The Carpenters

The Way We Were .... Barbra Streisand
Those Were The Days .... Mary Hopkins
Three Coins In A Fountain .... Andy Williams
Through The Eyes Of Love .... Melissa Manchester
Time After Time .... Eva Cassidy, Cyndi Lauper
Tom's Diner .... Susanne Vega
Tonight I Celebrate My Love .... Peabo Bryson & Roberta Flack
Try A Little Tenderness .... Frank Sinatra
True Love .... Grace Kelly mit Bing Crosby
Truly .... Lionell Richie

U

Und ich sehn mich nach dir wie im Fieber .... Metropol
Unchained Melody .... The Righteous Brothers
Unbreak My Heart .... Tony Braxton
Unforgettable .... Natalie Cole mit Nat King Cole & Aretha Franklin
Up Where We Belong .... Joe Cocker & Jennifer Warnes

V

Volare .... Dean Martin
Voyage, Voyage .... Desireless

W

Was ich dir sagen will, sagt mein Klavier .... Udo Jürgens
We've Only Just Begun .... The Carpenters
What A Feeling .... Irene Cara
What A Difference A Day Makes .... Aretha Franklin
What A Wonderful World .... Louis Armstrong
When A Man Loves A Woman .... Percy Sledge
When I Fall In Love .... Chat Baker
Where Do I Begin .... Andy Williams/Orchester Francis Lai (Aus dem Film LOVE STORY)
Where Is Love .... Shirley Bassey

Wie vor Jahr und Tag .... Reinhard Mey
Wind Beneath My Wings .... Bette Midler
Winds Of Change .... The Scorpions
Winter World Of Love .... Engelbert
Within You Will Remain .... Tokyo Square
Woman .... John Lennon
Woman In Love .... Barbra Streisand
Wonderful Tonight .... Eric Clapton
Wunder gibt es immer wieder .... Katja Ebstein

Y

Yesterday .... The Beatles
You And Me .... The Wannadies
You Are A Woman, I Am A Man .... Bad Boys Blue
You Are The Inspiration .... Chicago
You Are The Love Of My Life .... George Benson
You Are The Sunshine Of My Life .... Stevie Wonder/Brigitte Bardot
You Light Up My Life .... Debby Boone
You Sexy Thing .... Hot Chocolate
You've Got A Friend .... Carol King
Your Song .... Elton John

KLASSISCHE MUSIK, GANZ ROMANTISCH
(eine persönliche Auswahl)

Bach, Johann Sebastian .... *Das wohltemperierte Klavier*
Beethoven, Ludwig van .... z.B. *Mondscheinsonate, 1. Satz*
Berlioz, Hector .... *Symphonie Fantastique*
Bizet, George .... *Carmen*
Brahms, Johannes .... *Wiegenlied*

Bruckner, Anton .... *Sinfonie Nr. 4, Es-Dur, Romantische*
Chopin, Frédéric .... *Balladen Nr. 1 g-Moll, Op. 23; Nr. 2 F-Dur, Op. 38; Nr. 3 As-Dur, Op. 47; Nr. 4 f-Moll, Op. 52; Walzer e-Moll und Prelude g-Moll, Op. 25 Nr. 1, Prelude I*
Debussy, Claude .... *Claire de la lune*
Dvořák, Antonín .... *Symphonie Nr. 9, e-Moll, Op. 95 Aus der Neuen Welt*
Falla, Manuel de .... *Liebeszauber – El amor brujo*
Gershwin, George .... *Rhapsodie in Blue*
Grieg, Edvard .... *An den Frühling, Op. 43 Nr. 6, Schmetterling, Op. 43 Nr. 1*
Humperdinck, Engelbert .... *Hänsel und Gretel*
Liszt, Franz .... *Liebestraum, As-Dur, Op. 62 Nr. 3*
Mahler, Gustav .... *Das Lied von der Erde*
Mozart, Wolfgang Amadeus .... *z. B. Larghetto aus dem Concerto für Piano & Orchester in D-Dur, KV. 537, II. Romance. Andante*
Puccini, Giacomo .... *Arien aus den Opern: La Bohème, Tosca, Madame Butterfly*
Rachmaninow, Sergei .... *Suiten für 2 Klaviere Nr. 1, Op. 5 und Nr. 2, Op. 17, Vocalise*
Ravel, Maurice .... *Habanera*
Saint-Saëns, Camille .... *Karneval der Tiere, Rapsodie d'Auvergne, Op. 73*
Satie, Erik .... *Gymnopedies No. 1*
Schostakowitsch, Dimitri .... *Klavierkonzerte, Präludien und Fugen*
Schubert, Franz .... *Ave Maria*
Schumann, Robert .... *Träumerei, Op. 16 Nr. 7*
Smetana, Friedrich .... *Die Moldau*
Strauß, Johann .... *An der schönen, blauen Donau*
Strauss, Richard .... *Mondscheinmusik – Andante con moto*
Verdi, Giuseppe .... *Arien der Opern Nabucco, La Traviata, Aida, Otello, Rigoletto*

DIE ROMANTISCHSTEN FILME DER WELT
(eine persönliche Auswahl)

»Vergolden« Sie die schönsten Stunden in Ihrem Heimkino mit Filmen, die Ihr Herz berühren! Die meisten davon sind inzwischen auf DVD erschienen und in Videotheken oder z. B. bei Amazon im Internet erhältlich. Ein Tipp: Wählen Sie im Sprach-Menü Ihres DVD-Players zur Abwechslung den Originalton mit deutschen Untertiteln. So lernen Sie endlich einmal die echten Stimmen der Stars kennen. Sie werden staunen!

10 Dinge, die ich an dir hasse .... *Heath Ledger, Julia Stiles (1999)*
2046 .... *Wong Kar-Wai, Asiens Meisterregisseur der großen – unerfüllten – Liebe (2004)*

A

Affäre in Paris, Eine .... *Kate Hudson, Romain Duris (2003)*
African Queen .... *Humphrey Bogart, Katharine Hepburn (1951)*
Agata und der Sturm .... *Licia Maglietta, Claudio Santamaria (2004)*
Am goldenen See .... *Henry Fonda, Katharine Hepburn (1981)*
America's Sweethearts .... *Julia Roberts, John Cusack (2001)*
American Gigolo .... *Richard Gere, Lauren Hutton (1980)*
Amerikaner in Paris, Ein .... *Gene Kelly, Leslie Caron (1951)*
An deiner Seite .... *Michelle Pfeiffer, Bruce Willis (1999)*
Angel Eyes .... *romantischer Psychothriller mit Jennifer Lopez (2001)*
Anna Karenina .... *Sean Bean, Sophie Marceau (1997)*
Anna und der König .... *Jodie Foster, Chow Yun Fat (1999)*
Anthony Zimmer .... *Sophie Marceau, Yvan Attal (2005)*
Appartment, Das .... *Shirley MacLaine, Jack Lemmon (1960)*
Ask the Dusk .... *Colin Farrell, Salma Hayek (2006)*
Asylum .... *Natasha Richardson, Marton Csokas (2005)*
Atemlos .... *Richard Gere, Valerie Kaprisky (1983)*

Corpse Bride – Hochzeit mit
einer Leiche .... *Puppentrickfilm von Tim Burton (2005)*
Couchgeflüster .... *Uma Thurman, Meryl Streep, Bryan Greenberg (2005)*
Cyrano de Bergerac .... *Gérard Depardieu, Anne Brochet (1990)*

D

Dave .... *Kevin Kline, Sigourney Weaver (1993)*
Dirty Dancing .... *Patrick Swayze, Jennifer Grey (1987)*
Doktor Schiwago .... *Omar Sharif, Julie Christie (1965)*
Duft der Frauen, Der .... *Al Pacino, Chris O'Donnell (1992)*
Durch Liebe erlöst .... *Pauline Knof, Tim Bergmann (2005)*

E

Edelweißpiraten .... *Ivan Stebunov, Anna Thalbach u.a. (2004)*
Elizabethtown .... *Orlando Bloom, Kirsten Dunst (2005)*
E-Mail für Dich .... *Tom Hanks, Meg Ryan (1998)*
Emma .... *Gwyneth Paltrow, Jeremy Northam (1996)*
Ende einer Affäre, Das .... *Ralph Fiennes, Julianne Moore (1999)*
Engländer, der auf einen Hügel
stieg und von einem Berg
herunterkam, Der .... *Hugh Grant, Tara Fitzgerald (1995)*
Englische Patient, Der .... *Juliette Binoche, Ralph Fiennes (1996)*
Entscheidung aus Liebe .... *Julia Roberts, Campbell Scott (1991)*
Es geschah in einer Nacht .... *Clark Gable, Claudette Colbert (1934)*
Ex-Freundinnen meines Freundes, Die .... *Brittany Murphy, Ron Livingston (2004)*

F

Falsches Spiel mit Roger Rabbit .. *Bob Hoskins, Christopher Lloyd (1988)*
Fool for Love .... *Sam Shepard, Kim Basinger (1985)*
Forever Young .... *Mel Gibson, Jamie Lee Curtis (1992)*
Frankie & Johnny .... *Al Pacino, Michelle Pfeiffer (1991)*
Französisch für Anfänger .... *François Göske, Paula Schramm (2006)*

Frau des Leuchtturmwärters, Die .... *Sandrine Bonnaire, Philippe Torreton (2004)*
Frau in Rot, Die .... *Gene Wilder, Kelly LeBrock (1984)*
Frau mit Hund sucht Mann mit Herz .... *Diane Lane, John Cusack (2005)*
Fräulein von Rochefort, Die .... *Catherine Deneuve, Gene Kelly (1967)*
Freie Wille, Der .... *Sabine Timoteo, Jürgen Vogel (2006)*
French Kiss .... *Kevin Kline, Meg Ryan (1995)*
Frühstück bei Tiffany .... *Audrey Hepburn, George Peppard (1961)*

G

Gefährliche Liebschaften .... *Glenn Close, John Malkovich, Michelle Pfeiffer, Keanu Reeves (1988)*
Geisha, Die .... *Ziyi Zhang, Ken Watanabe (2005)*
Geisterhaus, Das .... *Jeremy Irons, Meryl Streep (1993)*
Geliebte Lügen .... *Emily Watson, Tom Wilkinson (2005)*
Ghost – Nachricht von Sam .... *Patrick Swayze, Demi Moore (1990)*
Gigi .... *Leslie Caron (1958)*
Greencard .... *Gérard Depardieu, Andie MacDowell (1990)*
Große Gatsby, Der .... *Mia Farrow, Robert Redford (1974)*
Große Liebe meines Lebens, Die .... *Cary Grant, Deborah Kerr (1957)*

H

Handbuch der Liebe .... *Silvio Muccino und Jasmine Trinca (2005)*
Hannah und ihre Schwestern .... *Woody Allen (1986)*
Harold und Maude .... *Bud Cort, Ruth Gordon (1971)*
Harry und Sally .... *Billy Crystal, Meg Ryan (1989)*
Hauch von Nerz, Ein .... *Cary Grant, Doris Day (1962)*
Hausboot .... *Cary Grant, Sophia Loren (1958)*
Heaven .... *Cate Blanchett, Giovanni Ribisi (2002)*
Herz und eine Krone, Ein .... *Gregory Peck, Audrey Hepburn (1953)*
Himmel kann warten, Der .... *Warren Beatty, Julie Christie (1978)*
Himmel über Berlin, Der .... *Bruno Ganz, Otto Sander (1987)*
Hinter dem Horizont .... *Robin Williams, Annabella Sciorra (1998)*

Hochzeit meines besten Freundes, Die ... *Julia Roberts, Dermot Mulroney (1997)*
Hochzeit zu dritt, Eine ... *Piper Perabo, Lena Headey (2005)*
Hochzeit zum Verlieben, Eine ... *Adam Sandler, Drew Barrymore (1998)*
Hulk ... *Jennifer Connelly, Eric Bana (2003)*
Haus am See, Das ... *Sandra Bullock, Keanu Reeves (2006)*
Hautnah ... *Julia Roberts, Clive Owen (2004)*
Himmel so fern, Dem ... *Julianne Moore, Dennis Quaid (2002)*
Hochzeits-Crasher, Die ... *Owen Wilson, Vince Vaughn (2005)*
Hüterin der Gewürze, Die ... *Aishwarya Rai, Dylan McDermott (2005)*

I

Im Juli ... *Moritz Bleibtreu, Christiane Paul (2000)*
In Sachen Liebe ... *Matthew Broderick, Meg Ryan (1997)*
In the Cut ... *Meg Ryan, Mark Ruffalo, Kevin Bacon (2003)*
In the Mix – Willkommen in der »Familie« ... *Usher (2005)*
In the Mood for Love/ Der Klang der Liebe ... *Tony Leung Chiu Wai, Maggie Cheung (2000)*
Indiskret ... *Cary Grant, Ingrid Bergman (1958)*
IQ – Liebe ist relativ ... *Tim Robbins, Meg Ryan (1994)*
Ist das Leben nicht schön? ... *James Stewart, Donna Reed (1946)*
Italienische Hochzeit, Eine ... *Giovanni Ribisi, Amelia Warner (2004)*

J

Jane Eyre ... *(TV-Film von Robert Young mit Samantha Morton, Ciarán Hinds)*
Jenseits von Afrika ... *Robert Redford, Meryl Streep (1985)*
Just a Kiss ... *Marisa Tomei, Kyra Sedgewick, Tom Eldard (2004)*

K

Kalt ist der Abendhauch .... *Elisabeth Trissenarr, Vadim Glowna (2000)*
Kate und Leopold .... *Hugh Jackman, Meg Ryan (2001)*
King Kong .... *Fay Wray, Robert Armstrong (1933) und Naomi Watts, Adrien Brody (2005)*
Kleinruppin forever (deutsche Komödie über einen Westler in der DDR) .... *Tobias Schenke, Anna Brüggemann (2004)*
Komm näher .... *Meret Becker (2006)*
König und ich, Der .... *Yul Brynner, Deborah Kerr (1956)*

L

L'auberge espagnole – Wiedersehen in St. Petersburg .... *Romain Duris, Kelly Reilly (2005)*
L'amor .... *Marquard Bohm, Sabine Timoteo (2000)*
La Boum .... *Sophie Marceau, Alexandre Sterling (1980)*
Ladykillers .... *Alec Guinness (1955), Tom Hanks (2004)*
Lauras Stern .... *(Zeichentrickfilm für Kinder, 2004)*
Laws of Attraction – Was sich liebt, verklagt sich .... *Pierce Brosnan, Julianne Moore (2004)*
Leben lang, Ein .... *Claude Lelouch, Marthe Keller, Gilbert Becaud (1974)*
Legenden der Leidenschaft .... *Brad Pitt, Julia Ormond (1994)*
Letzte Tango in Paris, Der .... *Marlon Brando, Maria Schneider (1972)*
Letzter Kuss, Ein .... *Stefano Accorsi, Giovanna Mezzogiorno (2001)*
Lichter der Großstadt .... *Charlie Chaplin (1931)*
Liebe auf Umwegen .... *Reese Witherspoon, Josh Lucas (2002)*
Liebe der Charlotte Gray, Die .... *Cate Blanchett, Billy Crudup (2001)*
Liebe im Herbst, Eine .... *Keanu Reeves, Charlize Theron (2001)*
Little Manhattan .... *Josh Hutcherson, Charlie Ray (2005)*
Lost in Translation .... *Bill Murray, Scarlet Johansson (2003)*
Love Story .... *Ryan O'Neal, Ali MacGraw (1970)*

M

Mach's noch einmal Sam .... *Woody Allen (1972)*
Mädchen Irma la Douce, Das .... *Jack Lemmon, Shirley MacLaine (1963)*
Manhattan Love Story .... *Jennifer Lopez, Ralph Fiennes (2002)*
Malen oder Lieben .... *Sabine Azéma, Daniel Auteuil (2005)*
Manhattan .... *Diane Keaton, Woody Allen (1979)*
Mann für eine Saison, Ein .... *Drew Barrymore, Jimmy Fallon (2005)*
Mann für gewisse Stunden, Ein .... *Richard Gere, Lauren Hutton (1980)*
Mann und eine Frau, Ein .... *Anouk Aimée, Jean-Louis Trintignant (1966)*
Maria an Callas .... *Claudia Michelsen, Monica Bleibtreu, Götz George (2006)*
Marokko .... *Marlene Dietrich, Gary Cooper (1930)*
Mathilde – Eine große Liebe ...... *Audrey Tautou, Gaspard Ulliel (2004)*
Meerjungfrauen küssen besser .... *Cher, Bob Hoskins (1990)*
Mein Name ist Bach .... *Vadim Glowna, Jürgen Vogel (2003)*
Meine Lieder – meine Träume .... *Julie Andrews, Christopher Plummer (1965)*
Mickey Blue Eyes – Mafioso wider Willen .... *Hugh Grant, Jeanne Tripplehorn (1999)*
Mondscheintarif .... *Gruschenka Stevens, Tim Bergmann (2001)*
Mondsüchtig .... *Cher, Nicolas Cage (1987)*
Moonlight Express .... *Daniel Lee (HK/Japan 1999)*
Mozart and the Whale .... *Josh Hartnett, Radha Mitchell (2005)*
Mr. und Mrs. Smith .... *Brad Pitt, Angelina Jolie (2005)*
My Fair Lady .... *Rex Harrison, Audrey Hepburn (1964)*
My Girl .... *Macaulay Culkin, Anna Chlumsky (1991)*

N

Ninotschka .... *Greta Garbo, Melvyn Douglas (1939)*
Fackeln im Sturm .... *Patrick Swayze (1985)*
Notting Hill .... *Hugh Grant, Julia Roberts (1999)*

O

Offizier und Gentleman, Ein .... *Richard Gere, Debra Winger (1982)*
One Night Stand .... *Wesley Snipes, Nastassja Kinski (1997)*
Open Range – Weites Land .... *Kevin Costner (Western, 2003)*
Out of Sight .... *George Clooney, Jennifer Lopez (1998)*

P

Persuasion .... *Ciarán Hinds, Amanda Root (1995)*
Plötzlich Prinzessin! .... *Anne Hathaway, Julie Andrews (2001)*
Pretty Woman .... *Richard Gere, Julia Roberts (1990)*
Perhaps Love .... *Jacky Cheung (Hong Kong, 2005)*
Piano, Das .... *Harvey Keitel, Holly Hunter, Sam Neill (1993)*

R

Reifeprüfung, Die .... *Dustin Hoffman, Anne Bancroft (1967)*
Reine Formsache .... *Christiane Paul, Max Hosemann (2006)*
Rendezvous mit Joe Black .... *Brad Pitt, Claire Forlani (1998)*
Romance & Cigarettes .... *Kate Winslet, Susan Sarandon (2005)*
Rote Kakadu, Der .... *Jessica Schwarz, Max Riemelt (2006)*
Roten Schuhe, Die .... *Moira Shearer, Anton Walbrook (1948)*
Roxanne .... *Steve Martin, Daryl Hannah (1987)*
Ruhm meines Vaters, Der ...... *Philippe Caubère, Nathalie Roussel (1990)*

S

Sabah .... *Arsinée Khanjian, Shawn Doyle (2005)*
Sabrina .... *Humphrey Bogart, Audrey Hepburn (1954)*
Sabrina .... *Harrison Ford, Julia Ormond (1995)*
Salz auf unserer Haut .... *Greta Scacchi, Vincent D'Onofrio (1992)*
Santa Clause 2: Eine noch
schönere Bescherung .... *Tim Allen (2002)*
Schick mir keine Blumen .... *Rock Hudson, Doris Day (1964)*
Schlaflos in Seattle .... *Tom Hanks, Meg Ryan (1993)*
Schöne und das Biest, Die .... *Jean Marais, Josette Day (1946)*
Sechs Tage, sieben Nächte .... *Harrison Ford, Anne Heche (1998)*

Trauzeuge zum Verlieben, Ein .... *Stuart Townsend, Amy Smart (2006)*
Tristan & Isolde .... *Sophia Miles, James Franco (2006)*

U

Und täglich grüßt das Murmeltier .... *Bill Murray, Andie MacDowell (1993)*
Unerträgliche Leichtigkeit des Seins, Die .... *Daniel Day-Lewis, Juliette Binoche (1988)*
Unmoralisches Angebot, Ein .... *Robert Redford, Demi Moore (1993)*
Untermieter, Der .... *Richard Dreyfuss, Marsha Mason (1977)*
Untreu .... *Richard Gere, Diane Lane (2002)*

V

Verborgenes Feuer .... *Sophie Marceau (1997)*
Verdammt in alle Ewigkeit .... *Burt Lancaster, Deborah Kerr (1953)*
Verführerischer Mond .... *Leslie Cheung, Gong Li (Hong Kong, 1996)*
Vergiss mein nicht .... *Jim Carrey, Kate Winslet (2004)*
Vergiss Paris .... *Billy Crystal, Debra Winger (1995)*
Verliebt in Chopin .... *Hugh Grant, Bernadette Peters (1991)*
Verliebt in eine Hexe .... *Nicole Kidman, Will Ferell (2005)*
Verloschene Mond, Der .... *Bollywood-Film (Indien, 1998)*
Verrückt nach Mary .... *Cameron Diaz, Ben Stiller (1998)*
Vertigo .... *James Stewart, Kim Novak (1958)*
Victor/Victoria .... *Julie Andrews, James Garner (1982)*
Viel Lärm um nichts .... *Kenneth Branagh, Emma Thompson (1993)*
Vom Suchen und Finden der Liebe .... *Moritz Bleibtreu, Alexandra Maria Lara (2005)*
Vom Winde verweht .... *Clark Gable, Vivian Leigh (1939)*

W

Waffen der Frauen, Die .... *Harrison Ford, Melanie Griffith (1988)*
Während du schliefst .... *Sandra Bullock, Bill Pullman (1995)*
Was das Herz begehrt .... *Jack Nicholson, Diane Keaton (2003)*

Was Frauen wollen .... *Mel Gibson, Vallerie Perine (2000)*
Water .... *von Deepa Mehta(Indien/Kanada 2005)*
Wedding Planer – Verliebt,
verlobt, verplant .... *Matthew McConnaughey, Jennifer Lopez (2001)*
Weil es dich gibt .... *John Cusack, Kate Beckinsale (2001)*
Westside Story .... *Natalie Wood (1961)*
Wilde Schaf, Das .... *Romy Schneider (1974)*
William Shakespeares
Romeo und Julia .... *Leonardo DiCaprio, Claire Danes (1996)*
Wind, Der .... *Federico Luppi, Antonella Costa (Spanien 2005)*

Y

Yentl .... *Barbra Streisand, Mandy Patinkin (1983)*

Z

Zeit der Unschuld .... *Daniel Day-Lewis, Michelle Pfeiffer (1993)*
Zeit der Zärtlichkeit .... *Shirley MacLaine, Jack Nicholson (1983)*
Zeit, die bleibt, Die .... *Jeanne Moreau (2005)*
Zimmer mit Aussicht .... *Helena Bonham Carter (1985)*
Zauberhafte Welt der Amélie, Die .... *Audrey Tautou, Mathieu Kassovitz (2001)*
Zum Glück geküsst .... *Lindsey Lohan, Chris Pine (2006)*
Zwei Millionen Dollar Trinkgeld .... *Nicolas Cage, Bridget Fonda (1994)*

ORIGINELLE GESCHENKE

Ein gemeinsames Grundstück auf dem Mond kaufen:
www.sternland.de
www.mondland24.de

Zeitungen vom Tag der Geburt bis 1900:
www.antiquarische-zeitungen.de
www.geschenkzeitung.de

Geschenke der ganz besonderen Art:
www.jochen-schweizer.de
www.ideenportale-2006.de
www.styleon.de
www.seven-holiday.de/romantikgeschenke.php
www.getdigital.de (unter »Gadgets & Toys«)
www.catapult.de
www.kelkoo.de (einfach mal »Valentinstag« als Suchbegriff eingeben)

Briefmarken mit dem Konterfei der/des Liebsten:
www.francobollo.de
www.pms.de

Weinflaschen mit eigenem Etikett, Namen, Foto
www.dein-eigener-wein.de

Jahrgangsnummernschilder aus USA, Verkehrsschilder mit eigenem Text und individuelle Kennzeichen:
www.schildershop24.de

Wandkalender mit Ihren persönlichen (Digital-)Fotos:
www.fotokasten.de

Hochglanz-Bildband mit Ihren persönlichen Fotos:
www.fotobuch24.de

Herz-Lutscher:
www.worldofsweets.de

Ob Kamelreiten, Wellnessurlaub oder ein nostalgischer Rundflug in einem Original-Rosinenbomber, einer Ju 52 oder einem Lufthansa-Flugsimulator:
www.erlebnisgeschenk.de

Trainings- und Spaßflüge im professionellen Flugsimulator:
www.lft-berlin.de 030 88755774 (Berlin)
DER 089 1204237 (München)
www.cstberlin.de 030 88755779 (Berlin)
www.proflight.com 0421 2413320 (Bremen)
www.specialflights24.de 069 264860 (Frankfurt)

Schlemmergutscheine für Restaurants in Ihrer Umgebung:
www.schlemmenundsparen.de

Kinogutscheine:
www.kinopolis.de
www.cinemaxx.de

Alles aus Schokolade:
Die süßen Geschäfte gibt's fast in jeder größeren Stadt! Suchen Sie im Telefonbuch oder Internet: Ob Flugzeuge, CDs oder die aufgeschlagene Gutenberg-Bibel, alles (Un-)Mögliche gibt's aus Schokolade. Auch auf Bestellung, die Form nach Ihren Wünschen gestaltet. Gönnen Sie sich einen schokoladigen Ausflug ins Rheinland! Zum Lindt-Schokoladenmuseum in Köln – www.schokoladenmuseum.de

Blumen verschenken und verschicken:
www.fleurop.de

Schmuck:
www.christ.de
www.goettgen.de
www.esprit.de
www.otto.de
www.tchibo.de
www.modeschmuck.de
www.pamapdoo.de
www.schmuck.de
www.qvc.de
www.bijou-collection.de
www.stern.de
www.swarowski.de
www.hstern.de
www.kaufhof.de
www.karstadt.de

Gemälde mit Herzthemen:
www.ooge.com

Zauberrequisiten/Federblumenbouquet:
www.henrys-online.de

Ausgefallene Events zum Verschenken:
www.mydays.de

HIER KÖNNEN SIE ALLES WICHTIGE NOTIEREN, DAS SIE FÜR DIE VERZAUBERUNG IHRES PARTNERS PLANEN:

....

....

....

....

....

....

....

....

....

....

....

....

....

....

....

»Der Ratgeber für die moderne Romantikerin.« BUNTE

Lauren Henderson
EIN DATE MIT MR. DARCY
Mit Jane Austen
den Mann fürs Leben finden
336 Seiten
Gebunden mit Schutzumschlag
ISBN 978-3-431-03688-6

Sind Sie frustriert von Beziehungsratgebern, die zu kompliziertem Taktieren anregen und sinnlose Regeln aufstellen, wie frau sich zu geben hat, um IHN zu bezaubern? Dann gehen Sie lieber bei der Meisterin der Romanze in die Schule. Ob »Stolz und Vorurteil«, »Emma« oder »Verstand und Gefühl« – die Romane von Jane Austen zeigen uns auch heute noch, wie Frauen den Mann ihres Herzens finden können.
Charmant und humorvoll führt uns dieses Buch durch den modernen Beziehungsdschungel, gespickt mit zahlreichen Beispielen aus Austens Romanen und dem täglichen Leben. Und ganz nebenbei können Sie auch noch die Bücher von Jane Austen (neu) entdecken!

Ehrenwirth

Bittersüße Komödie über die erste Liebe – mit Nostalgie-Garantie

Nick Tomlinson
DER ERSTE LIEBESBRIEF
Roman
283 Seiten
Laminierter Pappband
ISBN 978-3-431-03643-5

Der dreizehnjährige Neil Flack ist zum ersten Mal verliebt. Doch bald stellt er fest, dass die Welt der Liebe und Romantik nicht nur schön aufregend, sondern auch verdammt unbarmherzig sein kann. Er ist wild entschlossen, seiner Angebeteten am Valentinstag seine Liebe zu offenbaren in Form eines innigen, selbst geschriebenen Gedichtes, das er ihr allerdings anonym übermitteln will … mit katastrophalen Folgen.

»Ein hinreißendes Debüt über das Herzklopfen der ersten Liebe.«
THE BOOKSELLER

»Ein wundervoller Roman über die emotionalen Turbulenzen des Erwachsenwerdens. Und noch dazu sehr komisch.« TIME OUT

Ehrenwirth